中华人民共和国行业推荐性标准

公路水泥混凝土路面施工技术细则

Technical Guidelines for Construction of Highway Cement Concrete Pavements

JTG/T F30—2014

主编单位：交通运输部公路科学研究院
批准部门：中华人民共和国交通运输部
实施日期：2014年04月01日

人民交通出版社

图书在版编目（CIP）数据

公路水泥混凝土路面施工技术细则 JTG/T F30—2014 / 交通运输部公路科学研究院主编. — 北京：人民交通出版社，2014. 3

ISBN 978-7-114-11244-7

Ⅰ. ①公… Ⅱ. ①交… Ⅲ. ①水泥混凝土路面—道路施工—技术规范—中国 Ⅳ. ①U416. 216. 04-65

中国版本图书馆 CIP 数据核字（2014）第 039333 号

标准类型：中华人民共和国行业推荐性标准
标准名称：公路水泥混凝土路面施工技术细则
标准编号：JTG/T F30—2014
主编单位：交通运输部公路科学研究院
责任编辑：李　农
出版发行：人民交通出版社股份有限公司
地　　址：（100011）北京市朝阳区安定门外外馆斜街 3 号
网　　址：http://www. ccpcl. com. cn
销售电话：（010）85285857
总 经 销：人民交通出版社股份有限公司发行部
经　　销：各地新华书店
印　　刷：北京市密东印刷有限公司
开　　本：880 × 1230　1/16
印　　张：9. 5
字　　数：170 千
版　　次：2014 年 3 月　第 1 版
印　　次：2025 年 9 月　第 19 次印刷
书　　号：ISBN 978-7-114-11244-7
定　　价：60. 00 元

中华人民共和国交通运输部

公　　告

2014 年第 1 号

交通运输部关于发布《公路水泥混凝土路面施工技术细则》的公告

现发布《公路水泥混凝土路面施工技术细则》(JTG/T F30—2014)，作为公路工程行业推荐性标准，自 2014 年 4 月 1 日起施行，原《公路水泥混凝土路面施工技术规范》(JTG F30—2003) 及其英文版同时废止。

《公路水泥混凝土路面施工技术细则》(JTG/T F30—2014) 的管理权和解释权归交通运输部，日常解释和管理工作由主编单位交通运输部公路科学研究院负责。

请各有关单位注意在实践中总结经验，及时将发现的问题和修改建议函告交通运输部公路科学研究院（地址：北京市海淀区西土城路 8 号，邮政编码：100088），以便修订时研用。

特此公告。

中华人民共和国交通运输部

2014 年 1 月 10 日

交通运输部办公厅　　2014 年 1 月 14 日印发

前　言

根据交通运输部交公路发〔2008〕147号《关于下达2008年度公路工程标准制修订项目计划的通知》的要求，由交通运输部公路科学研究院作为主编单位，承担对《公路水泥混凝土路面施工技术规范》（JTG F30—2003）（简称“原规范”）的修订工作。

根据《公路工程行业标准制修订管理导则》（JTG A02—2013）的要求，更名为《公路水泥混凝土路面施工技术细则》（JTG/T F30—2014）（简称“本细则”）。

编写组在总结现有施工技术的基础上，结合近十年来水泥混凝土路面技术相关科研成果，对成熟的研究成果进行了分析论证，吸收了近年来水泥混凝土路面施工中所采用的成熟新材料、新工艺和新技术，并广泛征求了国内专家的意见，在此基础上，完成本细则的修订工作。

本细则由13章和8个附录构成。本次修订的主要内容包括：

1. 增加了对再生粗集料、玄武岩纤维及合成纤维、硅酮及橡胶沥青填缝料、夹层与封层材料等的质量要求。

2. 增加了隧道、收费广场和服务区水泥混凝土路面，混凝土路缘石、路肩石、浅碟形排水沟、护栏的滑模铺筑技术、质量和检验要求。

3. 增加了水泥混凝土砌块路面的施工技术、质量和检验要求。

4. 根据原规范颁布以来所积累的成熟施工经验，对部分工艺细节进行了修改完善。

5. 取消了我国目前不再使用的轨道摊铺机铺筑、真空吸水工艺等技术内容。

6. 删除原规范第12章安全生产及施工环保，将其中有实质性要求的内容编入相关章节。

7. 凡在本细则中规定了技术指标，《公路工程水泥及水泥混凝土试验规程》（JTG E30—2005）中暂未编入的试验方法，编入了本细则附录。

请各有关单位在执行中，将发现的问题和意见，函告本细则日常管理组，联系人：付智、田波、罗翥、王大鹏、刘英（地址：北京市海淀区西土城路8号，交通运输部公路科学研究院，邮编：100088，电话：010 - 62079687、62079598，传真010 - 62075650，电子邮箱：z. fu@rioh. cn、b. tian@rioh. cn、z. luo@rioh. cn、dp. wang@rioh. cn、y. liu@rioh. cn），以便下次修订时参考。

主 编 单 位：交通运输部公路科学研究院

参 编 单 位：湖南省交通运输厅

广西壮族自治区交通运输厅

广东省交通运输厅
黑龙江省交通运输厅
重庆交通大学
内蒙古自治区交通运输厅

主　　　编： 付　智

主要参编人员： 刘清泉　牛开民　田　波　罗　翥　王大鹏　刘　英　赵之杰
喻　波　梁军林　徐加绛　王大庆　易志坚　张志耕　李连生

目　次

1　总则

1.0.1　为提高公路水泥混凝土路面的施工技术水平，保证水泥混凝土路面施工质量，制定本细则。

1.0.2　本细则适用于各等级公路水泥混凝土路面工程的施工。

1.0.3　应采用符合本细则规定的质量要求、性能稳定的原材料和混凝土施工配合比，并选用满足本路面工程交通荷载等级质量要求的施工工艺及其机械装备。

1.0.4　质量保证体系应贯穿于施工全过程，并明确全员质量责任，加强各工序质量控制与管理，保证工程质量。

1.0.5　水泥混凝土路面施工应建立健全安全生产管理体系及应急预案，明确安全责任，严格执行安全操作规程，保障施工人员的职业健康，保证施工安全。

1.0.6　在施工过程中，应注重节约用地，降低能源和材料消耗，保护环境。

1.0.7　水泥混凝土路面施工应积极稳妥地采用新技术、新材料、新设备和新工艺。

1.0.8　水泥混凝土路面施工除应符合本细则的规定外，尚应符合国家和行业现行有关标准的规定。

2 术语

2.0.1 再生粗集料 recycled aggregate

利用旧结构混凝土经机械破碎筛分制得的粗集料。

2.0.2 玄武岩短切纤维 chopped basalt fiber

用连续玄武岩纤维短切制成的一种玄武岩纤维产品。

2.0.3 合成纤维 synthetic fiber

以合成高分子化合物为原料制成的化学纤维。常用品种有聚丙烯腈、聚酰胺、聚乙烯醇、聚丙烯纤维等。

2.0.4 硅酮填缝料 silicone joint sealant material

以聚硅氧烷聚合物为主要成分，可在常温下固化的单组分或多组分填缝料。

2.0.5 封层 sealing membrane

设置在半刚性上基层表面具有隔离与防冲刷功能的柔性功能薄层，可采用沥青表处工艺，铺设式封层由不透水薄膜或沥青油毡满铺。

2.0.6 振动黏度系数 vibrating viscosity coefficient

在特定振动能量作用下，混凝土拌合物内部阻碍粗细集料、气泡等质点相对运动，表征其摩阻能力的指标，用于测定混凝土拌合物的振捣易密性。

2.0.7 填充体积率 filling volume radio

混凝土中粗集料所占的体积，以百分数表示。

2.0.8 纤维混凝土面层 fiber reinforced concrete pavement

在水泥混凝土中掺加适量钢纤维、玄武岩纤维或合成纤维的水泥混凝土路面面层。

2.0.9 滑模摊铺机铺筑 slipform paving

采用滑模摊铺机铺筑水泥混凝土面层的施工工艺。其特征是不架设边缘固定模板，布料、摊铺、振捣密实、挤压成型、抹面修饰等施工流程在摊铺机行进过程中连续完成。

2.0.10　三辊轴机组铺筑　paving with vibrator and triple-roller-tube combination

采用振捣机具和三辊轴整平机配合铺筑水泥混凝土面层的施工工艺。其特征是需要在边缘架设固定模板，模板同时兼具三辊轴整平机轨道的功能。

2.0.11　碾压混凝土路面铺筑　roller compacted concrete pavement paving

采用压路机碾压成型的水泥混凝土路面施工工艺。其特征是采用特干硬性水泥混凝土，沥青混凝土或基层摊铺机摊铺、压路机振动碾压密实。

2.0.12　前置钢筋支架法　pre-located steel guesses method

预先在基层顶面安装与固定加工精度符合要求的胀缝传力杆、缩缝传力杆与拉杆钢筋支架的施工方法。

2.0.13　混凝土砌块路面　concrete bricks pavement

采用预制水泥混凝土车行道路面砌块铺砌的路面。

2.0.14　混凝土路缘基座　concrete road curb

用于水泥混凝土砌块路面边缘约束的实心条形混凝土块体。

3 原材料技术要求

3.1 水泥

3.1.1 极重、特重、重交通荷载等级公路面层水泥混凝土应采用旋窑生产的道路硅酸盐水泥、硅酸盐水泥、普通硅酸盐水泥，中、轻交通荷载等级公路面层水泥混凝土可采用矿渣硅酸盐水泥。高温期施工宜采用普通型水泥，低温期施工宜采用早强型水泥。

条文说明

交通荷载等级分级标准参见《公路水泥混凝土路面设计规范》（JTG D20—2011），其中极重交通荷载等级是新增的，其标准轴载作用次数可达10亿次。

在《通用硅酸盐水泥》（GB 175—2007）中，同一品种的水泥按凝结时间与强度增长速率的快慢分为普通型与早强型（即R型）两种。

3.1.2 面层水泥混凝土所用水泥的技术要求除应满足现行《道路硅酸盐水泥》（GB 13693）或《通用硅酸盐水泥》（GB 175）的规定外，各龄期的实测抗折强度、抗压强度尚应符合表3.1.2的规定。

表3.1.2 面层水泥混凝土用水泥各龄期的实测强度值

混凝土设计弯拉强度标准值(MPa)	5.5[a]		5.0		4.5		4.0		试验方法
龄期（d）	3	28	3	28	3	28	3	28	—
水泥实测抗折强度（MPa）≥	5.0	8.0	4.5	7.5	4.0	7.0	3.0	6.5	GB/T 17671
水泥实测抗压强度（MPa）≥	23.0	52.5	17.0	42.5	17.0	42.5	10.0	32.5	GB/T 17671

注：[a] 本栏也适用于设计弯拉强度为6.0MPa的纤维混凝土。

3.1.3 各交通荷载等级公路面层水泥混凝土用水泥的成分应符合表3.1.3的规定。

表3.1.3 各交通荷载等级公路面层水泥混凝土用水泥的成分要求

项次	水泥成分	极重、特重、重交通荷载等级	中、轻交通荷载等级	试验方法
1	熟料游离氧化钙含量（%）≤	1.0	1.8	GB/T 176
2	氧化镁含量（%）≤	5.0	6.0	
3	铁铝酸四钙含量（%）	15.0～20.0	12.0～20.0	

续上表

项次	水泥成分	极重、特重、重交通荷载等级	中、轻交通荷载等级	试验方法
4	铝酸三钙含量（%）≤	7.0	9.0	GB/T 176
5	三氧化硫含量[a]（%）≤	3.5	4.0	
6	碱含量 Na_2O + $0.658K_2O$（%）≤	0.6	怀疑集料有碱活性时，0.6；无碱活性集料时，1.0	
7	氯离子含量[b]（%）≤	0.06	0.06	
8	混合材种类	不得掺窑灰、煤矸石、火山灰、烧黏土、煤渣，有抗盐冻要求时不得掺石灰岩粉	不得掺窑灰、煤矸石、火山灰、烧黏土、煤渣，有抗盐冻要求时不得掺石灰岩粉	水泥厂提供

注：[a]三氧化硫含量在硫酸盐腐蚀场合为必测项目，无腐蚀场合为选测项目。
[b]氯离子含量在配筋混凝土与钢纤维混凝土面层中为必测项目，水泥混凝土面层为选测项目。

条文说明

表3.1.3中水泥的成分前7项为化学成分，第8项为已掺入水泥中的混合材，它们对混凝土路面的路用品质影响很大，因此对用于路面的水泥提出了成分的要求。化学成分要求中，游离氧化钙与氧化镁含量高会降低混凝土的疲劳寿命；铁铝酸四钙含量过低会降低水泥混凝土弯拉强度，过高会导致路面难以抹面、平整度差；铝酸三钙含量高时，一是会导致水泥凝结硬化速度过快、发热量过大、易产生裂缝；二是会降低抗折强度；三是会过量吸附外加剂，降低水泥对外加剂的适应性。表3.1.3对路用水泥中掺加混合材的限制，是为防止面层开裂，提高疲劳动载性能和耐久性而作出的规定。

3.1.4 各交通荷载等级公路面层水泥混凝土用水泥的物理指标应符合表3.1.4的规定。

表3.1.4 各交通荷载等级公路面层水泥混凝土用水泥的物理指标要求

项次	水泥物理性能		极重、特重、重交通荷载等级	中、轻交通荷载等级	试验方法
1	出磨时安定性		雷氏夹和蒸煮法检验均必须合格	蒸煮法检验必须合格	JTG E30 T0505
2	凝结时间（h）	初凝时间 ≥	1.5	0.75	
		终凝时间 ≤	10	10	
3	标准稠度需水量（%）≤		28.0	30.0	
4	比表面积（m^2/kg）		300～450	300～450	JTG E30 T0504
5	细度（80μm筛余）（%）≤		10.0	10.0	JTG E30 T0502
6	28d干缩率（%）≤		0.09	0.10	JTG E30 T0511
7	耐磨性（kg/m^2）≤		2.5	3.0	JTG E30 T0510

条文说明

目前，部分水泥为了提高强度等级，采取了超磨细办法，降低了混凝土长期强度增长率，大大增加了施工期间混凝土开裂的几率，因此提出了控制水泥比表面积的上、下限的要求，下限是为了保证混凝土早期强度及其持续增长，上限是为了防止混凝土面层的早期开裂。

3.1.5 面层水泥混凝土选用水泥时，除应满足表 3.1.2、表 3.1.3、表 3.1.4 的各项要求外，还应对拟采用厂家水泥进行混凝土配合比对比试验，根据所配制的混凝土弯拉强度、耐久性和工作性，选择适宜的水泥品种和强度等级。

3.1.6 采用滑模摊铺机铺筑时，宜选用散装水泥。高温期施工时，散装水泥的入罐最高温度不宜高于 60℃；低温期施工时，水泥进入搅拌缸前的温度不宜低于 10℃。

3.2 掺合料

3.2.1 使用道路硅酸盐水泥或硅酸盐水泥时，可在混凝土中掺入适量粉煤灰；使用其他水泥时，不应掺入粉煤灰。

条文说明

《通用硅酸盐水泥》（GB 175—2007）中普通硅酸盐水泥规定的混合材最大掺量由 15% 提高到 20%，但实测结果表明，各水泥厂生产的普通硅酸盐水泥中混合材的实际掺量往往超过了 20%，已不具备混凝土中再掺粉煤灰全部水化硬化贡献强度的条件，如再加入粉煤灰，其掺量必定大大超过可水化的最大掺量 28%，将严重降低混凝土早期强度、抗裂性、耐磨性等性能。因此只允许在使用道路硅酸盐水泥或硅酸盐水泥时掺加粉煤灰，在普通硅酸盐水泥、矿渣硅酸盐水泥和粉煤灰硅酸盐水泥所配制的面层混凝土中，不应掺入粉煤灰。

3.2.2 面层水泥混凝土可单独或复配掺用符合本细则规定的粉状低钙粉煤灰、矿渣粉或硅灰等掺合料，不得掺用结块或潮湿的粉煤灰、矿渣粉和硅灰。粉煤灰质量不应低于表 3.2.2 中的Ⅱ级粉煤灰的要求。不得掺用高钙粉煤灰或Ⅲ级及Ⅲ级以下低钙粉煤灰。粉煤灰进货应有等级检验报告。

表 3.2.2 低钙粉煤灰分级和质量标准

粉煤灰等级	细度（45μm 气流筛，筛余量）（%）	烧失量（%）	需水量（%）	含水率（%）	游离氧化钙含量（%）	SO_3（%）	混合砂浆强度活性指数[a]	
							7d	28d
Ⅰ	≤12.0	≤5.0	≤95.0	≤1.0	<1.0	≤3.0	≥75	≥85（75）
Ⅱ	≤25.0	≤8.0	≤105.0	≤1.0	<1.0	≤3.0	≥70	≥80（62）

续上表

粉煤灰等级	细度（45μm气流筛，筛余量）（%）	烧失量（%）	需水量（%）	含水率（%）	游离氧化钙含量（%）	SO_3（%）	混合砂浆强度活性指数[a]	
							7d	28d
Ⅲ	≤45.0	≤15.0	≤115.0	≤1.0	<1.0	≤3.0	—	—
试验方法	GB/T 1596	GB/T 176	GB/T 1596	GB/T 1596	GB/T 176	GB/T 176	GB/T 1596	

注：[a]混合砂浆强度活性指数为掺粉煤灰的砂浆与水泥砂浆的抗压强度比的百分数，不带括号的数值适用于所配制混凝土强度等级不小于C40时；当配制的混凝土强度等级小于C40时，混合砂浆强度活性指数应满足28d括号中数值的要求。

条文说明

表3.2.2主要引自《用于水泥和混凝土中的粉煤灰》（GB/T 1596—2005），混合砂浆强度活性指数引自《高强高性能混凝土用矿物外加剂》（GB/T 18736—2002）。高钙灰中游离氧化钙含量一般大于10%，会大幅度降低混凝土面板的耐疲劳性能，因此不允许在面层中使用。

3.2.3 掺加于面层水泥混凝土中的矿渣粉、硅灰，其质量应符合表3.2.3的规定。使用矿渣硅酸盐水泥时不得再掺加矿渣粉。高温期施工时，不宜掺用硅灰。

表3.2.3 矿渣粉、硅灰的质量标准

质量标准		比表面积（m^2/kg）	密度（g/cm^3）	烧失量（%）	流动度比（%）	含水率（%）	氯离子含量[b]（%）	玻璃体含量（%）	游离氧化钙含量（%）	SO_3（%）	混合砂浆强度活性指数（%）	
种类	等级										7d	28d
磨细矿渣粉[a]	S105 S95	≥500 ≥400	≥2.80	≤3.0	≥95.0	≤1.0	<0.06	≥85.0	<1.0%	≤4.0	≥95 ≥75	≥105 ≥95
硅灰		≥15 000	≥2.10	≤6.0	—	≤3.0	<0.06	≥90.0	<1.0%	—	≥105	
试验方法		GB/T 8074	GB/T 208	GB/T 18046	GB/T 18046	GB/T 18046	GB/T 176	GB/T 18046	GB/T 176	GB/T 176	GB/T 18046	

注：[a]矿渣粉匀质性以比表面积为考核依据，单一样品的比表面积不应超过前10个样品比表面积平均值的10.0%。

[b]氯离子含量在配筋混凝土与钢纤维混凝土面层中为必测项目，水泥混凝土面层为选测项目。

条文说明

矿渣硅酸盐水泥中，矿渣最大掺量可达75%，加上5%石膏，熟料仅含20%，如果在矿渣硅酸盐水泥配制的混凝土中再掺矿渣，熟料的含量将非常少，几乎变成全矿渣水泥。大量研究表明，全矿渣水泥（凝石）的pH值过低，碱度不足以维持水化产物的长期稳定，将导致长期强度严重丧失，造成重大质量事故，因此，严格规定矿渣硅酸盐水泥中不得再掺矿渣。

硅灰的细度极高，比水泥细 1 ~2 个数量级，硅灰中最细颗粒可达 200nm，已有学者称掺硅灰混凝土为纳米混凝土。硅灰在混凝土中的水化反应速率比水泥快得多，凝结时间很短。在低温施工及有快通要求的场合，硅灰可作为面层混凝土的促凝、早强组分使用；但在高温期施工时，掺加硅灰的混凝土水化硬化速度过快，运输、布料过程中坍落度损失大而快，经常导致无法摊铺，所以规定为不宜掺加。

3.2.4 各种掺合料在使用前，应进行混凝土配合比试配检验与掺量优化试验，确认面层水泥混凝土弯拉强度、工作性、抗磨性、抗冰冻性、抗盐冻性等指标满足设计要求。

3.3 粗集料与再生粗集料

3.3.1 粗集料应使用质地坚硬、耐久、干净的碎石、破碎卵石或卵石。极重、特重、重交通荷载等级公路面层混凝土用粗集料质量不应低于表 3.3.1 中Ⅱ级的要求；中、轻交通荷载等级公路面层混凝土可使用Ⅲ级粗集料。

表 3.3.1 碎石、破碎卵石和卵石质量标准

<table>
<tr><th rowspan="2">项　次</th><th rowspan="2" colspan="2">项　目</th><th colspan="3">技术要求</th><th rowspan="2">试验方法</th></tr>
<tr><th>Ⅰ级</th><th>Ⅱ级</th><th>Ⅲ级</th></tr>
<tr><td>1</td><td colspan="2">碎石压碎值（%）≤</td><td>18.0</td><td>25.0</td><td>30.0</td><td>JTG E42 T0316</td></tr>
<tr><td>2</td><td colspan="2">卵石压碎值（%）≤</td><td>21.0</td><td>23.0</td><td>26.0</td><td>JTG E42 T0316</td></tr>
<tr><td>3</td><td colspan="2">坚固性（按质量损失计）（%）≤</td><td>5.0</td><td>8.0</td><td>12.0</td><td>JTG E42 T0314</td></tr>
<tr><td>4</td><td colspan="2">针片状颗粒含量（按质量计）（%）≤</td><td>8.0</td><td>15.0</td><td>20.0</td><td>JTG E42 T0311</td></tr>
<tr><td>5</td><td colspan="2">含泥量（按质量计）（%）≤</td><td>0.5</td><td>1.0</td><td>2.0</td><td>JTG E42 T0310</td></tr>
<tr><td>6</td><td colspan="2">泥块含量（按质量计）（%）≤</td><td>0.2</td><td>0.5</td><td>0.7</td><td>JTG E42 T0310</td></tr>
<tr><td>7</td><td colspan="2">吸水率[a]（按质量计）（%）≤</td><td>1.0</td><td>2.0</td><td>3.0</td><td>JTG E42 T0307</td></tr>
<tr><td>8</td><td colspan="2">硫化物及硫酸盐含量[b]（按 SO_3 质量计）（%）≤</td><td>0.5</td><td>1.0</td><td>1.0</td><td>GB/T 14685</td></tr>
<tr><td>9</td><td colspan="2">洛杉矶磨耗损失[c]（%）≤</td><td>28.0</td><td>32.0</td><td>35.0</td><td>JTG E42 T0317</td></tr>
<tr><td>10</td><td colspan="2">有机物含量（比色法）</td><td>合格</td><td>合格</td><td>合格</td><td>JTG E42 T0313</td></tr>
<tr><td rowspan="3">11</td><td rowspan="3">岩石抗压强度（MPa）[b] ≥</td><td>岩浆岩</td><td colspan="3">100</td><td rowspan="3">JTG E41 T0221</td></tr>
<tr><td>变质岩</td><td colspan="3">80</td></tr>
<tr><td>沉积岩</td><td colspan="3">60</td></tr>
<tr><td>12</td><td colspan="2">表观密度（kg/m^3）≥</td><td colspan="3">2 500</td><td>JTG E42 T0308</td></tr>
</table>

续上表

项次	项目	技术要求			试验方法
		Ⅰ级	Ⅱ级	Ⅲ级	
13	松散堆积密度（kg/m^3）≥	1 350			JTG E42 T0309
14	空隙率（%）≤	47			JTG E42 T0309
15	磨光值[c]（%）≥	35.0			JTG E42 T0321
16	碱活性反应[b]	不得有碱活性反应或疑似碱活性反应			JTG E42 T0325

注：[a]有抗冰冻、抗盐冻要求时，应检验粗集料吸水率。
[b]硫化物及硫酸盐含量、碱活性反应、岩石抗压强度在粗集料使用前应至少检验一次。
[c]洛杉矶磨耗损失、磨光值仅在要求制作露石水泥混凝土面层时检测。

3.3.2 中、轻交通荷载等级公路面层水泥混凝土可使用再生粗集料，其质量应符合表3.3.2的规定。再生粗集料可单独或掺配新集料后使用，但应通过配合比试验验证，确定混凝土性能满足设计要求，并符合下列规定：

1 有抗冰冻、抗盐冻要求时，再生粗集料不应低于Ⅱ级；无抗冰冻、抗盐冻要求时，可使用Ⅲ级再生粗集料。

2 再生粗集料不得用于裸露粗集料的水泥混凝土抗滑表层。

3 不得使用出现碱活性反应的混凝土为原料破碎生产的再生粗集料。

表3.3.2 再生粗集料的质量标准

项次	项目	技术要求			试验方法
		Ⅰ级	Ⅱ级	Ⅲ级	
1	压碎值（%）≤	21.0	30.0	43.0	JTG E42 T0316
2	坚固性（按质量损失计）（%）≤	5.0	10.0	15.0	JTG E42 T0314
3	针片状颗粒含量（按质量计）（%）≤	10.0	10.0	10.0	JTG E42 T0311
4	微粉含量（按质量计）（%）≤	1.0	2.0	3.0	JTG E42 T0310
5	泥块含量（按质量计）（%）≤	0.5	0.7	1.0	JTG E42 T0310
6	吸水率（按质量计）（%）≤	3.0	5.0	8.0	JTG E42 T0307
7	硫化物及硫酸盐含量（按SO_3质量计）（%）≤	2.0	2.0	2.0	GB/T 14685
8	氯化物含量（以氯离子质量计）（%）≤	0.06	0.06	0.06	GB/T 14685
9	洛杉矶磨耗损失（%）≤	35	40	45	JTG E42 T0317
10	杂物含量（按质量计）（%）≤	1.0	1.0	1.0	JTG E42 T0313
11	表观密度（kg/m^3）≥	2 450	2 350	2 250	JTG E42 T0308
12	空隙率（%）≤	47	50	53	JTG E42 T0309

注：1. 当再生粗集料中碎石的岩石品种变化时，应重新检测上述指标。
2. 硫化物及硫酸盐含量、氯化物含量、洛杉矶磨耗损失在再生粗集料使用前应至少检验一次。

3.3.3 粗集料与再生粗集料应根据混凝土配合比的公称最大粒径分为2~4个单粒级的集料，并掺配使用。粗集料与再生粗集料的合成级配及单粒级级配范围宜符合表3.3.3的要求。不得使用不分级的统料。

表3.3.3 粗集料与再生粗集料的级配范围

方孔筛尺寸（mm）		2.36	4.75	9.50	16.0	19.0	26.5	31.5	37.5	试验方法
级配类型		累计筛余（以质量计）（%）								
合成级配	4.75~16.0	95~100	85~100	40~60	0~10	—	—	—	—	JTG E42 T0302
	4.75~19.0	95~100	85~95	60~75	30~45	0~5	0	—	—	
	4.75~26.5	95~100	90~100	70~90	50~70	25~40	0~5	0		
	4.75~31.5	95~100	90~100	75~90	60~75	40~60	20~35	0~5	0	
单粒级级配	4.75~9.5	95~100	80~100	0~15	0	—	—	—	—	
	9.5~16.0	—	95~100	80~100	0~15	0	—	—	—	
	9.5~19.0	—	95~100	85~100	40~60	0~15	0	—	—	
	16.0~26.5	—	—	95~100	55~70	25~40	0~10	0	—	
	16.0~31.5	—	—	95~100	85~100	55~70	25~40	0~10	0	

3.3.4 各种面层水泥混凝土配合比的不同种类粗集料与再生粗集料公称最大粒径宜符合表3.3.4的规定。

表3.3.4 各种面层水泥混凝土配合比不同种类粗集料与再生粗集料公称最大粒径（mm）

交通荷载等级		极重、特重、重		中、轻		试验方法
面层类型		水泥混凝土	纤维混凝土、配筋混凝土	水泥混凝土	碾压混凝土、砌块混凝土	
最大公称粒径	碎石	26.5	16.0	31.5	19.0	JTG E42 T0302
	破碎卵石	19.0	16.0	26.5	19.0	
	卵石	16.0	9.5	19.0	16.0	
	再生粗集料	—	—	26.5	19.0	

3.4 细集料

3.4.1 细集料应使用质地坚硬、耐久、洁净的天然砂或机制砂，不宜使用再生细集料。

条文说明

再生细集料的吸水率较高，水灰比难于控制，拌合物的坍落度损失大而快，用于面层水泥混凝土时，弯拉强度离差系数较大，表面抗磨性波动较大，对路面其他耐久性的影响缺少验证，因此规定不宜使用。

3.4.2 极重、特重、重交通荷载等级公路面层水泥混凝土用天然砂的质量标准不应低于表 3.4.2 规定的Ⅱ级，中、轻交通荷载等级公路面层水泥混凝土可使用Ⅲ级天然砂。

表 3.4.2 天然砂的质量标准

项次	项 目	技术要求			试验方法
		Ⅰ级	Ⅱ级	Ⅲ级	
1	坚固性（按质量损失计）（%）≤	6.0	8.0	10.0	JTG E42 T0340
2	含泥量（按质量计）（%）≤	1.0	2.0	3.0	JTG E42 T0333
3	泥块含量（按质量计）（%）≤	0	0.5	1.0	JTG E42 T0335
4	氯离子含量[a]（按质量计）（%）≤	0.02	0.03	0.06	GB/T 14684
5	云母含量（按质量计）（%）≤	1.0	1.0	2.0	JTG E42 T0337
6	硫化物及硫酸盐含量[a]（按 SO_3 质量计）（%）≤	0.5	0.5	0.5	JTG E42 T0341
7	海砂中的贝壳类物质含量（按质量计）（%）≤	3.0	5.0	8.0	JGJ 206
8	轻物质含量（按质量计）（%）≤	1.0			JTG E42 T0338
9	吸水率（%）≤	2.0			JTG E42 T0330
10	表观密度（kg/m^3）≥	2 500.0			JTG E42 T0328
11	松散堆积密度（kg/m^3）≥	1 400.0			JTG E42 T0331
12	空隙率（%）≤	45.0			JTG E42 T0331
13	有机物含量（比色法）	合格			JTG E42 T0336
14	碱活性反应[a]	不得有碱活性反应或疑似碱活性反应			JTG E42 T0325
15	结晶态二氧化硅含量[b]（%）≥	25.0			JTG E42 T0324

注：[a]碱活性反应、氯离子含量、硫化物及硫酸盐含量在天然砂使用前应至少检验一次。
[b]按现行《公路工程集料试验规程》（JTG E42）T0324 岩相法，测定除隐晶质、玻璃质二氧化硅以外的结晶态二氧化硅的含量。

3.4.3 天然砂的级配范围宜符合表 3.4.3 的规定。面层水泥混凝土使用的天然砂细度模数宜在 2.0～3.7 之间。

表 3.4.3 天然砂的推荐级配范围

砂分级	细度模数	方孔筛尺寸（mm）（试验方法 JTG E42 T0327）							
		9.5	4.75	2.36	1.18	0.60	0.30	0.15	0.075
		通过各筛孔的质量百分率（%）							
粗砂	3.1～3.7	100	90～100	65～95	35～65	15～30	5～20	0～10	0～5
中砂	2.3～3.0	100	90～100	75～100	50～90	30～60	8～30	0～10	0～5
细砂	1.6～2.2	100	90～100	85～100	75～100	60～84	15～45	0～10	0～5

3.4.4 机制砂宜采用碎石作为原料，并用专用设备生产。极重、特重、重交通荷载等级公路面层水泥混凝土用机制砂的质量标准不应低于表 3.4.4 规定的Ⅱ级，中、轻交通荷载等级公路面层水泥混凝土可使用Ⅲ级机制砂。

表 3.4.4　机制砂的质量标准

项次	项目	技术要求 Ⅰ级	技术要求 Ⅱ级	技术要求 Ⅲ级	试验方法
1	机制砂母岩的抗压强度（MPa）≥	80.0	60.0	30.0	JTG E41 T0221
2	机制砂母岩的磨光值 ≥	38.0	35.0	30.0	JTG E42 T0321
3	机制砂单粒级最大压碎指标（%）≤	20.0	25.0	30.0	JTG E42 T0350
4	坚固性（按质量损失计）（%）≤	6.0	8.0	10.0	JTG E42 T0340
5	氯离子含量[a]（按质量计）（%）≤	0.01	0.02	0.06	GB/T 14684
6	云母含量（按质量计）（%）≤	1.0	2.0	2.0	JTG E42 T0337
7	硫化物及硫酸盐含量[a]（按 SO_3 质量计）（%）≤	0.5	0.5	0.5	JTG E42 T0341
8	泥块含量（按质量计）（%）≤	0	0.5	1.0	JTG E42 T0335
9	石粉含量（%）< MB 值 < 1.40 或合格	3.0	5.0	7.0	JTG E42 T0349
	石粉含量（%）< MB 值 ≥ 1.40 或不合格	1.0	3.0	5.0	
10	轻物质含量（按质量计）（%）≤	1.0			JTG E42 T0338
11	吸水率（%）≤	2.0			JTG E42 T0330
12	表观密度（kg/m^3）≥	2 500.0			JTG E42 T0328
13	松散堆积密度（kg/m^3）≥	1 400.0			JTG E42 T0331
14	空隙率（%）≤	45.0			JTG E42 T0331
15	有机物含量（比色法）	合格			JTG E42 T0336
16	碱活性反应[a]	不得有碱活性反应或疑似碱活性反应			JTG E42 T0325

注：[a] 碱活性反应、氯离子含量、硫化物及硫酸盐含量在机制砂使用前应至少检验一次。

3.4.5 机制砂的级配范围宜符合表 3.4.5 的规定。面层水泥混凝土使用的机制砂细度模数宜在 2.3～3.1 之间。

表 3.4.5　机制砂的级配范围

机制砂分级	细度模数	方孔筛尺寸（mm）（试验方法 JTG E42 T0327）						
		9.5	4.75	2.36	1.18	0.60	0.30	0.15
		水洗法通过各筛孔的质量百分率（%）						
Ⅰ级砂	2.3～3.1	100	90～100	80～95	50～85	30～60	10～20	0～10
Ⅱ、Ⅲ级砂	2.8～3.9	100	90～100	50～95	30～65	15～29	5～20	0～10

3.4.6 细集料的使用尚应符合下列规定：

1 配筋混凝土路面及钢纤维混凝土路面中不得使用海砂。

2 细度模数差值超过 0.3 的砂应分别堆放，分别进行配合比设计。

3 采用机制砂时，外加剂宜采用引气高效减水剂或聚羧酸高性能减水剂。

3.5 水

3.5.1 符合现行《生活饮用水卫生标准》（GB 5749）的饮用水可直接作为混凝土搅拌与养生用水。

3.5.2 非饮用水应进行水质检验，并应符合表 3.5.2 的规定，还应与蒸馏水进行水泥凝结时间与水泥胶砂强度的对比试验；对比试验的水泥初凝与终凝时间差均不应大于 30min，水泥胶砂 3d 和 28d 强度不应低于蒸馏水配制的水泥胶砂 3d 和 28d 强度的 90%。

表 3.5.2 非饮用水质量标准

项次	项　目	钢筋混凝土及钢纤维混凝土	素混凝土	试验方法
1	pH 值 ≥	5.0	4.5	JGJ 63
2	Cl^- 含量（mg/L）≤	1 000	3 500	
3	SO_4^{2-} 含量（mg/L）≤	2 000	2 700	
4	碱含量（mg/L）≤	1 500	1 500	
5	可溶物含量（mg/L）≤	5 000	10 000	
6	不溶物含量（mg/L）≤	2 000	5 000	
7	其他杂质	不应有漂浮的油脂和泡沫；不应有明显的颜色和异味		

条文说明

水质污染情况复杂，难以用指标完全概括，因此要求对存在轻微污染的拌和用水，进行与蒸馏水的对比试验，确认其对混凝土凝结时间及强度无明显影响。

3.5.3 养生用水可不检验不溶物含量和其他杂质，其他指标应符合表 3.5.2 的规定。

3.6 外加剂

3.6.1 面层水泥混凝土外加剂质量除应符合国家和行业现行相关标准外，尚应符合表 3.6.1 的要求，各项性能的检验方法应符合现行《混凝土外加剂》（GB 8076）的规定。

表 3.6.1 面层水泥混凝土外加剂产品的质量标准

项目		普通减水剂	高效减水剂	引气剂	引气减水剂	引气高效减水剂	缓凝剂	缓凝减水剂	缓凝高效减水剂	引气缓凝高效减水剂	早强剂	早强减水剂	早强高效减水剂	引气早强高效减水剂
减水率(%)≥		8	15	8	12	18	—	8	15	18	-	8	15	15
泌水率比(%)≤		100	90	80	80	90	100	100	100	80	100	95	90	95
含气量[a](%)		≤4.0	≤3.0	≥3.0	≥3.0	≥3.0	—	≤5.5	≤4.5	≥3.0	—	≤4.0	≤3.0	≥3.0
凝结时间差[b](min)	初凝	-90～+120	-90～+120	-90～+120	-90～+120	-60～+90	>+90	>+90	>+90	>+90	-90～+90	-90～+90	-90～+90	-90～+90
	终凝						—							
抗压强度比(%)≥	1d	—	140	—	—	—	—	—	—	—	135	135	140	135
	3d	115	130	95	115	120	100	—	—	—	130	130	130	130
	7d	115	125	95	110	115	110	115	125	120	110	110	125	110
	28d	110	120	90	100	105	110	110	120	115	100	100	120	100
弯拉强度比[c](%)≥	1d	—	—	—	—	—	—	—	—	—	130	130	135	130
	3d	—	125	—	—	120	—	—	—	—	120	120	125	120
	28d	105	115	105	110	115	105	105	115	110	100	105	110	110
收缩率比(%)≤	28d	125	125	120	120	120	125	125	125	120	130	130	130	120
磨耗量[d](kg/m^2)≤	28d	2.5	2.0	2.5	2.5	2.0	2.5	2.5	2.5	2.5	2.5	2.5	2.0	2.0

注：除含气量外，表中所列数据为掺外加剂混凝土与基准混凝土的差值或比值。

[a]引气剂与各种引气型减水剂含气量1h最大经时损失应小于1.5%。

[b]凝结时间之差质量标准中的“-”号表示提前，“+”号表示延缓。

[c]弯拉强度比仅用于路面混凝土时检验。

[d]磨耗量仅用于路面与桥面混凝土时检验。

3.6.2 外加剂产品出厂报告中应标明其主要化学成分和使用注意事项。面层水泥混凝土的各种外加剂应经有相应资质的检测机构检验合格，并提供检验报告后方可使用。

3.6.3 外加剂产品应使用工程实际采用的水泥、集料和拌和用水进行试配，检验其性能，确定合理掺量。

3.6.4 外加剂复配使用时，不得有絮凝现象，应使用工程实际采用的水泥、集料和拌和用水进行试配，确定其性能满足要求后方可使用。

3.6.5 各种可溶外加剂均应充分溶解为均匀水溶液，按配合比计算的剂量加入。

3.6.6 采用非水溶的粉状外加剂时，应保证其分散均匀、搅拌充分，不得结块。

3.6.7 滑模摊铺施工的水泥混凝土面层宜采用引气高效减水剂；高温施工混凝土拌合物的初凝时间短于3h时，宜采用缓凝引气高效减水剂；低温施工混凝土拌合物终凝时间长于10h时，宜采用早强引气高效减水剂。

3.6.8 有抗冰冻、抗盐冻要求时，各级公路水泥混凝土面层及暴露结构物混凝土应掺入引气剂；无抗冻要求地区的二级及二级以上公路水泥混凝土面层宜掺入引气剂。

条文说明

有抗冰冻、抗盐冻要求时应掺引气剂，并达到规定含气量，是为了提高直接接触冰雪的水泥混凝土路面与表面构件的抗冻性与抗盐冻性。无抗冻要求时，路面宜掺入引气剂的规定是为了增加混凝土的黏聚性和表面砂浆富裕度，首先确保平整度，提高弯拉强度，减少收缩和接缝变形率，并提升工程经济效益。

3.6.9 处在海水、海风、氯离子环境或冬季撒除冰盐的路面或桥面钢筋混凝土、钢纤维混凝土中可掺用或复配阻锈剂。阻锈剂产品的质量标准、检验方法及应用技术应符合现行《钢筋阻锈剂应用技术规程》（JGJ/T 192）的规定。

3.7 钢筋

3.7.1 水泥混凝土、钢筋混凝土及连续配筋混凝土面层所用钢筋、钢筋网、传力杆、拉杆等应符合国家和行业现行相关标准的规定。

3.7.2 钢筋不得有裂纹、断伤、刻痕、表面油污和锈蚀。配筋混凝土路面与桥面用钢筋宜采用环氧树脂涂层或防锈漆涂层等保护措施。

3.7.3 传力杆应无毛刺，两端应加工成圆锥形或半径为 2～3mm 的圆倒角。

3.7.4 胀缝传力杆应在一端设置镀锌钢管帽或塑料套帽，套帽厚度不应小于 2.0mm，并应密封不透水，套帽长度宜为 100mm，套帽内活动空隙长度宜为 30mm。

3.7.5 传力杆钢筋应采取喷塑、镀锌、电镀或涂防锈漆等防锈措施，防锈层不得局部缺失。拉杆钢筋应在中部不小于 100mm 范围内采取涂防锈漆等防锈措施。

3.8 纤维

3.8.1 用于路面和桥面水泥混凝土的钢纤维质量除应满足现行《纤维混凝土应用技术规程》（JGJ/T 221）等标准的要求外，尚应符合下列规定：

1 钢纤维抗拉强度等级不应低于 600 级。

2 钢纤维应进行有效的防锈蚀处理。

3 钢纤维的几何参数及形状精度应满足表 3.8.1 的要求。钢丝切断型钢纤维或波形、带倒钩的钢纤维不应使用。

表 3.8.1 钢纤维几何参数及形状精度要求

钢纤维几何参数及形状精度	长度（mm）	长度合格率（%）	直径（等效直径）（mm）	形状合格率（%）	弯折合格率（%）	平均根数与标称根数偏差（%）	杂质含量（%）	试验方法
技术要求	25～50	>90	0.3～0.9	>90	>90	±10	<1.0	JGJ/T 221

4 钢纤维表面不应沾染油污及妨碍水泥黏结及凝结硬化的物质，结团、黏结连片的钢纤维不得使用。

条文说明

钢丝切断型钢纤维裸露后尖端易导致行车不安全，波形、带倒钩的钢纤维搅拌易成团，无法保证施工质量，因此不允许使用。

3.8.2 用于面层水泥混凝土的玄武岩短切纤维的外观应为金褐色，匀质、表面无污染，二氧化硅含量应在 48%～60% 之间。其表面浸润剂应为亲水型。玄武岩纤维质量应满足表 3.8.2-1 的要求；玄武岩短切纤维的规格、尺寸及其精度应符合表 3.8.2-2 的规定。

表 3.8.2-1 玄武岩纤维质量标准

项次	项目	技术要求[b]	试验方法
1	抗拉强度（MPa）≥	1 500	JT/T 776.1
2	弹性模量（MPa）≥	8.0×10^5	
3	密度（g/cm^3）	2.60～2.80	

续上表

项　次	项　目	技术要求[b]	试验方法
4	含水率（%）≤	0.2	JT/T 776.1
5	耐碱性[a]（断裂强度保留率）（%）≥	75	

注：[a]耐碱性的测试是在饱和 $Ca(OH)_2$ 溶液中煮沸 4h 的强度保留率。
[b]除密度与含水率外，其他每项实测值的变异系数不应大于 10%。

表 3.8.2-2　玄武岩短切纤维的规格、尺寸及其精度

纤维类型	公称长度（mm）	长度合格率（%）	单丝公称直径（μm）	线密度（tex）	线密度合格率（%）	外观合格率（%）	试验方法
合股丝[a]（S）	20～35	>90	9～25	50～900	>90	≥95	JT/T 776.1
加捻合股纱[b]（T）	20～35	>90	7～13	30～800	>90	≥95	

注：[a]合股丝适用于有抗裂性要求的玄武岩纤维混凝土。
[b]加捻合股丝适用于提高弯拉强度要求的玄武岩纤维混凝土。

条文说明

玄武岩纤维长丝与短切丝的外观应为金褐色，是玄武岩纤维区别于玻璃纤维或其他无机纤维、有机纤维的最显著标志，是玄武岩纤维种类的唯一判定色彩。原因是玄武岩中含有一定的黑色三氧化二铁，在抽丝过程中，表面的三氧化二铁将氧化成为金红色四氧化三铁，含量为 9%～14%，褐色是表面红色与内部黑色矿物的混合色。

3.8.3　用于面层水泥混凝土的合成纤维可采用聚丙烯腈（PANF）、聚丙烯（PPF）、聚酰胺（PAF）和聚乙烯醇（PVAF）等材料制成的单丝纤维或粗纤维，其质量应符合现行《水泥混凝土和砂浆用合成纤维》（GB/T 21120）的规定，且实测单丝抗拉强度最小值不得小于 450MPa。

3.8.4　合成纤维的规格、加工精度及分散性应满足表 3.8.4 的要求。

表 3.8.4　合成纤维的规格、加工精度及分散性要求

外形分类	长度（mm）	当量直径（μm）	长度合格率（%）	形状合格率（%）	混凝土中分散性（%）	试验方法
单丝纤维	20～40	4～65	>90	>90	±10	GB/T 21120
粗纤维	20～80	100～500				

3.9　接缝材料

3.9.1　用于水泥混凝土面层的胀缝板的高度、长度和厚度应符合设计要求，并按设计间距预留传力杆孔。孔径宜大于传力杆直径 2mm，高度和厚度尺寸偏差均应小于 1.5mm。

3.9.2 胀缝板质量应符合表 3.9.2 的规定。

表 3.9.2 胀缝板的质量标准

项目	胀缝板的种类			试验方法
	塑胶板、橡胶（泡沫）板	沥青纤维板	浸油木板	
压缩应力（MPa）	0.2～0.6	2.0～10.0	5.0～20.0	JT/T 203
弹性复原率（%）≥	90	65	55	
挤出量（mm）＜	5.0	3.0	5.5	
弯曲荷载（N）	0～50	5～40	100～400	

注：1. 浸油木板在加工时应风干、去除结疤并用木材填实，浸渍时间不应小于 4h。
2. 各种接缝板的厚度应为（20～25）mm ±2mm。

条文说明

以前我国公路水泥混凝土面层用胀缝板常采用普通松木或杨木板材，使用中发现，其虫蛀与腐朽速度相当快，两三年后，多数木板已经腐朽成湿粉末，基本失效。因此要求采用木板时应浸煤油或柴油等进行防虫与防腐处理。

3.9.3 高速公路、一级公路胀缝板宜采用塑胶板、橡胶（泡沫）板或沥青纤维板；其他等级公路也可采用浸油木板。

3.9.4 聚氨酯类常温施工式填缝料质量应符合表 3.9.4 的规定。聚氨酯类填缝料中不得掺入碳黑等无机充填料。

表 3.9.4 聚氨酯类常温施工式填缝料的质量标准

序号	项目		低模量型	高模量型	试验方法
1	表干时间（h）≤		4	4	GB/T 13477.5
2	失黏～固化时间（h）≤		12	10	JT/T 203
3	拉伸模量（MPa）	23℃	0.20～0.40	＞0.40	GB/T 13477.8
		－20℃	0.30～0.60	＞0.60	
4	弹性恢复率（%）≥		75	90	JT/T 203
5	定伸黏结性（23℃干态）		定伸 100% 无破坏	定伸 60% 无破坏	GB/T 13477.10
6	（－10℃）拉伸量（mm）≥		25	15	JT/T 203
7	固化后针入度（0.1mm）		40～60	20～40	JTG E20 T0604
8	耐水性，水泡 4d 黏结性		定伸 100% 无破坏	定伸 60% 无破坏	GB/T 13477.10
9	耐高温性		（60℃ ±2℃）× 168h 倾斜 45°表面不流淌、开裂、发黏	（80℃ ±2℃）× 168h 倾斜 45°表面不流淌、开裂、发黏	JTG E20 T0608

续上表

序号	项目	低模量型	高模量型	试验方法
10	负温抗裂性	(－40℃ ±2℃)×168h弯曲90°不开裂	(－20℃ ±2℃)×168h弯曲90°不开裂	JTG E20 T0613
11	耐油性	93号汽油浸泡48h后，在温度23℃±3℃、湿度50%±5%下静置72h，延伸率下降≤20%		GB/T 528
12	抗光、氧、热加速老化（采用氙弧光灯照射法）	180h照射后，外观无流淌、变色、脱落、开裂，－10℃拉伸量不小于未老化前的80%，与混凝土的定伸黏结试验无裂缝		JT/T 203 GB/T 13477.10

3.9.5 硅酮类常温施工式填缝料质量应符合表3.9.5的规定。

表3.9.5 硅酮类常温施工式填缝料的质量标准

序号	项目		低模量型	高模量型	试验方法
1	表干时间(h) ≤		3		GB 13477.5
2	针入度(0.1mm) ≤		80	50	JTG E20 T0604
3	伸长100%拉伸模量(MPa)	23℃	≤0.4	>0.4	GB 13477.8
		－20℃	≤0.6	>0.6	
4	定伸黏结性	定伸60%	无破坏	无破坏	GB 13477.10
5	弹性恢复率(%) ≥		75	90	GB 13477.17
6	抗拉强度(MPa) ≥	无处理	0.20	0.40	GB/T 528
		热老化(80℃，168h)	0.15	0.30	
		紫外线(300W，168h)	0.15	0.30	
		浸水(4d)	0.15	0.30	
7	延伸率(%) ≥	无处理	600	500	JT/T 203
		热老化(80℃，168h)	500	400	
		紫外线(300W，168h)	500	400	
		浸水(4d)	600	500	
8	耐高温性		(90℃ ±2℃)×168h倾斜45°表面不流淌、开裂、发黏		JTG E20 T0608
9	负温抗裂性		(－40℃ ±2℃)×168h弯曲90°不开裂		JTG E20 T0613
10	耐油性		93号汽油浸泡48h前后质量损失率≤5%，且浸泡48h后试件表面不发黏		GB/T 528

条文说明

3.9.4～3.9.5　聚氨酯类和硅酮类常温施工式填缝料的质量标准是根据交通运输部西部开发项目“黄土地区水泥混凝土路面设计施工成套技术研究”、“水泥混凝土路面工作状态评价及与预养护技术研究”的成果确定的。

聚氨酯类与硅酮类填缝料根据所用地区的气候差异区分为高模量与低模量两种类型。该分类的基本依据是一种填缝料不可能同时满足热天极端高温不流淌、不软化、不嵌入，极端负温不脆裂、不拉断两类矛盾的技术要求，分为高模量与低模量两个型号，期望在一个型号内，其高、低温性能，即夏季与冬季能同时满足使用要求。

3.9.6　加热施工式橡胶沥青填缝料质量应符合表3.9.6的规定。

表3.9.6　加热施工式橡胶沥青填缝料质量标准

项　目	高温型	普通型	低温型	严寒型	试验方法
低温拉伸	0℃/R.H25%/3循环，15mm，一组3个试件全部通过	−10℃/R.H50%/3循环，15mm，一组3个试件全部通过	−20℃/R.H75%/3循环，15mm，一组3个试件全部通过	−30℃/R.H100%/3循环，15mm，一组3个试件全部通过	JT/T 740
针入度（0.1mm）	≤70	50～90	70～110	90～150	
软化点（℃）≥	80	80	80	80	
流动值（mm）≤	3	5	5	5	
弹性恢复率（%）	30～70	30～70	30～70	30～70	

3.9.7　加热施工式道路石油沥青与改性沥青类填缝料质量应符合表3.9.7的规定。

表3.9.7　加热施工式道路石油沥青与改性沥青类填缝料质量标准

项　目	70号石油沥青	50号石油沥青	SBS类Ⅰ-C	SBS类Ⅰ-D	试验方法
针入度（25℃，5s，100g）（0.1mm）	60～80	40～60	60～80	40～60	JTG E20 T0604
软化点（R&B）（℃）≥	45	49	55	60	JTG E20 T0606
10℃延度（cm）≥	15		—	—	JTG E20 T0605
5℃延度（5cm/min）（cm）≥	—		30	20	JTG E20 T0605
闪点（℃）≥	260		230		JTG E20 T0611
25℃弹性恢复率（%）≥	40	60	65	75	JTG E20 T0662
老化试验TFOT后					
质量变化（%）≤	±0.8		±1.0		JTG E20 T0603
残留针入度比（25℃）（%）≥	61	63	60	65	JTG E20 T0604
残留延度（25℃）（cm）≥	6	4	—	—	JTG E20 T0605
残留延度（5℃）（cm）≥	—	—	20	15	JTG E20 T0605

3.9.8 硅酮类、聚氨酯类常温施工式填缝料可用于各等级公路水泥混凝土面层；橡胶沥青、改性沥青类填缝料可用于二级及二级以下公路，不宜用于高速公路和一级公路；道路石油沥青类填缝料可用于三、四级公路，不宜用于二级公路，不得用于高速公路和一级公路。

3.9.9 严寒及寒冷地区宜采用低模量型填缝料，其他地区宜采用高模量型填缝料。橡胶沥青应根据当地所处的气候区划选用四类中适宜的一类。严寒、寒冷地区宜使用70号石油沥青和/或SBS类I-C；炎热、温暖地区宜使用50号石油沥青和/或SBS类I-D。

条文说明

石油沥青与改性沥青类填缝料分为适用于高、低温的两类。橡胶沥青则按负温拉伸不断裂分为高温型、普通型、低温型和严寒型四类。选用时，要根据当地7月极端高温与1月极端低温选择适宜类型的填缝料。

3.9.10 填缝背衬垫条应具有弹性良好、柔韧性好、不吸水、耐酸碱腐蚀及高温不软化等性能。背衬垫条可采用橡胶条、发泡聚氨酯、微孔泡沫塑料等制成，其形状宜为可压缩圆柱形，直径宜比接缝宽度大2～5mm。

3.10 夹层与封层材料

3.10.1 沥青混凝土夹层用材料应符合现行《公路沥青路面施工技术规范》(JTG F40)的规定。

3.10.2 热沥青表处与改性乳化沥青稀浆封层用材料应符合现行《公路沥青路面施工技术规范》(JTG F40)的规定。

3.10.3 封层用薄膜材料的质量、规格与外观应符合表3.10.3的规定。

表3.10.3 封层用薄膜材料的质量、规格与外观标准

类别	项目		技术要求	试验方法
复合土工膜（一布一膜、两布一膜）	厚度（mm）	成品 ≥	0.30	GB/T 13761
		膜材 ≥	0.06	GB/T 17598
	纵、横向标称断裂强度（kN/m）≥		10	GB/T 15788
	纵、横向断裂伸长率（%）≥		30	
	CBR顶破强力（kN）≥		1.9	GB/T 14800
	剥离强度（N/cm）≥		6	FZ/T 01010

续上表

类　别	项　目	技术要求	试验方法
复合塑料编织布	单位面积质量（g/m^2）≥	125	QB/T 3808
	经、纬向拉断力（N）≥	570	GB/T 1040.1～1040.5
	剥离力（N）≥	2.5	GB 8808
薄膜规格、外观	公称宽度（mm）≥	4 000	GB/T 6673、GB/T 4666、QB/T 3808
	宽度允许偏差（%）≥	+2.5，-1.0	
	外观质量	合格	薄膜各自的外观检测规定方法

3.11 养生材料

3.11.1 水泥混凝土面层用养护剂应采用由石蜡、适宜高分子聚合物与适量稳定剂、增白剂经胶体磨制成水乳液，不得采用以水玻璃为主要成分的养护剂。养护剂宜为白色胶体乳液，不宜为无色透明的乳液。养护剂的质量应符合表 3.11.1 的规定。

表 3.11.1　养护剂的质量标准

项　目		一　级　品	合　格　品	试验方法
有效保水率（%）≥		90	75	JT/T 522
抗压强度比或弯拉强度比[a]（%）≥	7d	95	90	
	28d	95	90	
磨损量[b]（kg/m^2）≤		3.0	3.5	
含固量[c]（%）≥		20.4[c]		
干燥时间（h）≥		4		
成膜后浸水溶解性		养生期内不应溶		
成膜耐热性		合格		

注：[a]路面应检测弯拉强度比，其他结构应检测抗压强度比。
[b]磨损量对有耐磨性要求的面层为必检项目。
[c]当所使用的高分子养护剂的有效保水率大于 90% 时，该值可为 15.0。

条文说明

实测表明，水玻璃的有效保水率仅有 45% 左右，达不到养护剂合格品保水率 75% 的最低要求，因此，不允许使用以水玻璃为主要成分生产的养护剂。

3.11.2 使用养护剂时，高速公路、一级公路水泥混凝土面层应使用满足一级品要求的养护剂，其他等级公路可使用满足合格品要求的养护剂。

3.11.3 水泥混凝土面层用节水保湿养护膜应由高分子吸水保水树脂和不透水塑料面膜制成，其质量应符合表3.11.3的规定。

表3.11.3 节水保湿养护膜的质量标准

<table>
<tr><th colspan="3">节水保湿养护膜的性能</th><th colspan="3">节水保湿养护膜养生水泥混凝土面层的性能</th><th>试验方法</th></tr>
<tr><td colspan="2">软化温度（℃）≥</td><td>70</td><td colspan="2">3d 有效保水率（%）≥</td><td>95</td><td rowspan="10">JG/T 188</td></tr>
<tr><td colspan="2">0.006～0.02mm 厚面膜的水蒸气透过量［g/（m²·d）］≤</td><td>47</td><td colspan="2">一次性保水时间（d）≥</td><td>7</td></tr>
<tr><td rowspan="2">拉伸强度（MPa）≥</td><td>双层膜</td><td>14</td><td rowspan="2">用养护膜养生混凝土抗压强度比（%）（与标养比）≥</td><td>3d</td><td>95</td></tr>
<tr><td>单层膜</td><td>12</td><td>7d</td><td>95</td></tr>
<tr><td colspan="2">纵、横向直角撕裂强度（kN/m）≥</td><td>55</td><td rowspan="3">用养护膜养生混凝土弯拉强度比（%）[a]（与标养比）≥</td><td>3d</td><td>95</td></tr>
<tr><td colspan="2">芯膜厚度（mm）</td><td>0.08～0.10</td><td rowspan="2">7d</td><td rowspan="2">95</td></tr>
<tr><td colspan="2">面膜厚度（mm）</td><td>0.12～0.15</td></tr>
<tr><td colspan="2">长度允许偏差（%）</td><td>±1.5</td><td colspan="2">保温性（膜内温度与外界环境温度之差）（℃）≥</td><td>4</td></tr>
<tr><td colspan="2">芯膜宽度</td><td>不允许负偏差</td><td colspan="2">单位面积吸蒸馏水量（kg/m²）≥</td><td>0.5</td></tr>
<tr><td colspan="2">面膜、芯膜外观</td><td>干净整齐，无破损</td><td colspan="2">养护膜养生混凝土磨耗量（kg/m²）≤</td><td>2.0</td></tr>
</table>

注：[a] 当节水保湿养护膜用于水泥混凝土路面工程时，应检测磨耗量和弯拉强度比。

3.11.4 高温期施工时，宜选用白色反光面膜的节水保湿养护膜；低温期施工时，宜选用黑色或蓝色吸热面膜的产品。

4 配合比设计

4.1 一般规定

4.1.1 公路面层水泥混凝土的配合比设计应满足其弯拉强度、工作性、耐久性要求，兼顾经济性。

4.1.2 应选用符合本细则规定的质量标准要求、性能稳定的原材料。不同的原材料组合应分别进行配合比设计。

4.1.3 各级公路面层水泥混凝土配合比设计宜采用正交试验法；二级及二级以下公路可采用经验公式法。

4.1.4 混凝土配合比设计应包括目标配合比设计和施工配合比设计两个阶段。目标配合比设计应确定混凝土的水泥用量、集料用量、水灰（胶）比、外加剂掺量，纤维混凝土还应确定纤维掺量。施工配合比设计应通过拌和楼试拌确定拌和参数。经批准的配合比在施工过程中不得擅自调整。

4.1.5 目标配合比设计应对混凝土性能进行全面检验，并规定施工配合比设计与目标配合比的允许偏差。目标配合比设计应按下列要求进行：

1 根据原材料、路面结构及施工工艺要求，通过计算或正交试验拟定混凝土配合比的控制性参数。

2 按拟定配合比进行试验室试拌，实测各项性能指标，选择混凝土的弯拉强度、工作性、耐久性满足要求，且经济合理的配合比作为目标配合比。

3 根据拌和楼（机）试拌情况，对试拌配合比进行性能检验和调整，直至符合目标配合比要求。

4.1.6 施工配合比应符合目标配合比的实测数据，并应按下列要求进行：

1 施工配合比中的水泥用量可根据拌和过程中的损耗情况，较目标配合比适当增加 5 ~ 10kg/m^3。

2 根据目标配合比计算各种原材料用量，按照实际生产要求进行试拌。

3 进行混凝土的弯拉强度、工作性和耐久性检验，确定是否满足要求。

4　总结试验数据，提出施工配合比，确定设备参数，明确施工中根据集料实际含水率调整拌和楼（机）上料参数和加水量的有关要求。

4.1.7　当原材料变化时，应重新进行目标配合比和施工配合比设计与检验。

4.1.8　目标配合比设计中，进行混凝土试拌时，粗、细集料应处于饱和面干状态。

4.2　水泥混凝土配合比设计

4.2.1　本节适用于滑模摊铺机、三辊轴机组及小型机具施工的水泥混凝土、钢筋混凝土、连续配筋混凝土面层水泥混凝土目标配合比设计。

4.2.2　面层水泥混凝土配制28d弯拉强度均值宜按式（4.2.2）计算确定：

$$f_c = \frac{f_r}{1 - 1.04C_v} + ts \tag{4.2.2}$$

式中：f_c——面层水泥混凝土配制28d弯拉强度均值（MPa）；

f_r——设计弯拉强度标准值（MPa），按设计确定，且不应低于《公路水泥混凝土路面设计规范》（JTG D40—2011）表3.0.8的规定；

t——保证率系数，按表4.2.2-1取值；

s——弯拉强度试验样本的标准差（MPa），有试验数据时应使用试验样本的标准差；无试验数据时可按公路等级及设计弯拉强度，参考表4.2.2-2规定范围确定；

C_v——弯拉强度变异系数，应按统计数据取值，小于0.05时取0.05；无统计数据时，可在表4.2.2-3的规定范围内取值，其中高速公路、一级公路变异水平应为低，二级公路变异水平应不低于中。

表4.2.2-1　保证率系数 t

公路等级	判别概率 p	样本数 n（组）			
		6~8	9~14	15~19	≥20
高速	0.05	0.79	0.61	0.45	0.39
一级	0.10	0.59	0.46	0.35	0.30
二级	0.15	0.46	0.37	0.28	0.24
三、四级	0.20	0.37	0.29	0.22	0.19

表 4.2.2-2 各级公路水泥混凝土面层弯拉强度试验样本的标准差 s

公路等级	高速	一级	二级	三级	四级
目标可靠度（%）	95	90	85	80	70
目标可靠指标	1.64	1.28	1.04	0.84	0.52
样本的标准差 s（MPa）	$0.25 \leq s \leq 0.50$		$0.45 \leq s \leq 0.67$	$0.40 \leq s \leq 0.80$	

表 4.2.2-3 变异系数 C_v 的范围

弯拉强度变异水平等级	低	中	高
弯拉强度变异系数 C_v 的范围	$0.05 \leq C_v \leq 0.10$	$0.10 \leq C_v \leq 0.15$	$0.15 \leq C_v \leq 0.20$

4.2.3 不同施工工艺混凝土拌合物的工作性应符合下列规定：

1 碎石混凝土滑模摊铺时的坍落度宜为 10～30mm，卵石混凝土滑模摊铺时的坍落度宜为 5～20mm，振动黏度系数宜为 200～500N·s/m²。混凝土拌合物振动黏度系数试验方法见附录 A。

2 三辊轴机组摊铺时，拌合物的现场坍落度宜为 20～40mm。

3 小型机具摊铺时，拌合物的现场坍落度宜为 5～20mm。

4 拌和楼（机）出口拌合物坍落度值，应根据不同工艺摊铺时的坍落度值加上运输过程中坍落度损失值确定。

4.2.4 各级公路面层水泥混凝土的最大水灰（胶）比和最小单位水泥用量应符合表 4.2.4 的规定。最大单位水泥用量不宜大于 420kg/m³；使用掺合料时，最大单位胶材总量不宜大于 450kg/m³。

表 4.2.4 各级公路面层水泥混凝土最大水灰（胶）比和最小单位水泥用量

公路等级		高速、一级	二级	三、四级
最大水灰（胶）比		0.44	0.46	0.48
有抗冰冻要求时最大水灰（胶）比		0.42	0.44	0.46
有抗盐冻要求时最大水灰（胶）比[a]		0.40	0.42	0.44
最小单位水泥用量（kg/m³）	52.5 级	300	300	290
	42.5 级	310	310	300
	32.5 级	—	—	315
有抗冰冻、抗盐冻要求时最小单位水泥用量（kg/m³）	52.5 级	310	310	300
	42.5 级	320	320	315
	32.5 级	—	—	325
掺粉煤灰时最小单位水泥用量（kg/m³）	52.5 级	250	250	245
	42.5 级	260	260	255
	32.5 级	—	—	265

续上表

公路等级		高速、一级	二级	三、四级
有抗冰冻、抗盐冻要求时掺粉煤灰混凝土最小单位水泥用量（kg/m^3）[b]	52.5 级	265	260	255
	42.5 级	280	270	265

注：[a]处在除冰盐、海风、酸雨或硫酸盐等腐蚀性环境中或在大纵坡等加减速车道上，最大水灰（胶）比宜比表中数值降低 0.01 ~ 0.02。

[b]掺粉煤灰，并有抗冰冻、抗盐冻要求时，面层不应使用 32.5 级水泥。

4.2.5 严寒与寒冷地区面层水泥混凝土的抗冻等级不应低于表 4.2.5 的要求。

表 4.2.5 严寒与寒冷地区面层水泥混凝土的抗冻等级要求

公路等级		高速、一级		二、三、四级		试验方法
试件		基准配合比	现场取芯	基准配合比	现场取芯	基准配合比按 JTG E30 T0565 进行
抗冻等级（F） ≥	严寒地区	300	250	250	200	现场取芯按附录 B.1 进行
	寒冷地区	250	200	200	150	

注：严寒指当地最冷月平均气温低于 −8℃的地区；寒冷指当地最冷月平均气温在 −8℃ ~ −3℃的地区。

4.2.6 面层水泥混凝土应掺加引气剂，确保其抗冻性，提高工作性；拌和机出口拌合物含气量均值及允许偏差范围宜符合表 4.2.6-1 的规定，钻芯实测水泥混凝土面层最大气泡间距系数宜符合表 4.2.6-2 的要求。

表 4.2.6-1 拌和机出口拌合物含气量均值及允许偏差范围（%）

公称最大粒径（mm）	无抗冻要求	有抗冰冻要求	有抗盐冻要求	试验方法
9.5	4.5 ± 1.0	5.0 ± 0.5	6.0 ± 0.5	混凝土拌合物含气量测定应符合 JTG E30 T0522
16.0	4.0 ± 1.0	4.5 ± 0.5	5.5 ± 0.5	
19.0	4.0 ± 1.0	4.0 ± 0.5	5.0 ± 0.5	
26.5	3.5 ± 1.0	3.5 ± 0.5	4.5 ± 0.5	
31.5	3.5 ± 1.0	3.5 ± 0.5	4.0 ± 0.5	

表 4.2.6-2 水泥混凝土面层最大气泡间距系数（μm）

环境		公路等级		试验方法
		高速、一级	二、三、四级	
严寒地区	冰冻	275 ± 25	300 ± 35	气泡间距系数检测方法应符合附录 B.2
	盐冻	225 ± 25	250 ± 35	
寒冷地区	冰冻	325 ± 45	350 ± 50	
	盐冻	275 ± 45	300 ± 50	

条文说明

混凝土中掺加优质引气剂，引入均匀、封闭的微小气泡，可以有效改善混凝土耐久性能，但如果引气剂质量差，引入气泡均匀性差、尺寸大，对混凝土性能反而有不利影响，因此要求钻芯实测混凝土的气泡间距系数，检验气泡的尺寸和均匀性。

4.2.7 各级公路面层水泥混凝土有抗盐冻要求时，应按附录C方法检测混凝土的抗盐冻性，5块试件经受30次盐冻循环后，其平均剥落量小于1.0kg/m^{2}为合格，大于或等于1.0kg/m^{2}为不合格。

4.2.8 各等级公路面层水泥混凝土磨损量宜符合表4.2.8的规定。

表4.2.8 各等级公路面层水泥混凝土磨损量要求

公路等级	高速、一级	二级	三、四级	试验方法
磨损量（kg/m^2）≤	3.0	3.5	4.0	JTG E30 T0567

4.2.9 处在海水、海风、酸雨、除冰盐或硫酸盐等腐蚀环境中的面层水泥混凝土使用道路硅酸盐水泥或硅酸盐水泥时，宜掺加适量粉煤灰、矿渣粉、硅灰或复合矿物掺合料。桥面混凝土中宜掺加矿渣粉与硅灰，不宜掺粉煤灰。

条文说明

由于桥面不具备长期的湿养生条件，粉煤灰基本不能水化，对强度无贡献，导致开裂较为严重，因此，规定桥面混凝土中不宜掺粉煤灰。

4.2.10 面层水泥混凝土配合比设计使用正交试验法时，应符合下列规定：

1 试验可变因素应根据混凝土的性能要求和材料变化情况根据经验确定。水泥混凝土可选水泥用量、用水量、砂率或粗集料填充体积率3个因素；掺粉煤灰的混凝土可选用水量、基准胶材总量、粉煤灰掺量、粗集料填充体积率4个因素。每个因素至少应选定3个水平，并宜选用$L_9(3^4)$正交表安排试验方案。

2 对正交试验结果进行直观及回归分析，回归分析的考察指标应包括坍落度、弯拉强度、磨损量。有抗冰冻、抗盐冻要求的地区，还应包括抗冻等级、抗盐冻性。

3 满足第2款要求的正交配合比，可确定为目标配合比。

4.2.11 二级及二级以下公路采用经验公式法时，可按下列规定进行：

1 计算水灰比。无掺合料时，根据粗集料的类型，水灰比可分别按下列统计公式计算。

碎石或破碎卵石混凝土

$$\frac{W}{C}=\frac{1.5684}{f_c+1.0097-0.3595f_s} \quad (4.2.11\text{-}1)$$

卵石混凝土

$$\frac{W}{C}=\frac{1.2618}{f_c+1.5492-0.4709f_s} \quad (4.2.11\text{-}2)$$

式中：$\frac{W}{C}$——水灰比；

f_s——水泥实测 28d 抗折强度（MPa）；

f_c——面层水泥混凝土配制 28d 弯拉强度的均值（MPa）。

2　计算水胶比。掺用粉煤灰、硅灰、矿渣粉等掺合料时，应计入超量取代法中代替水泥的那一部分掺合料用量（代替砂的超量部分不计入）计算水胶比。计算水胶比（或水灰比）大于表 4.2.4 的规定时，应按表 4.2.4 取值。

3　水泥混凝土的砂率宜根据砂的细度模数和粗集料种类，按表 4.2.11-1 选取。软作抗滑槽时，砂率可在表 4.2.11-1 基础上增大 1%～2%。

表 4.2.11-1　水泥混凝土的砂率

砂细度模数		2.2～2.5	2.5～2.8	2.8～3.1	3.1～3.4	3.4～3.7
砂率 S_P（%）	碎石	30～34	32～36	34～38	36～40	38～42
	卵石	28～32	30～34	32～36	34～38	36～40

注：1. 相同细度模数时，机制砂的砂率宜偏低限取用。
2. 破碎卵石可在碎石和卵石之间内插取值。

4　根据粗集料种类和坍落度要求，按经验式（4.2.11-3）～式（4.2.11-5）计算单位用水量。计算单位用水量大于表 4.2.11-2 最大用水量的规定时，应通过采用减水率更高的外加剂降低单位用水量。

碎石

$$W_0=104.97+0.309S_L+11.27\frac{C}{W}+0.61S_P \quad (4.2.11\text{-}3)$$

卵石

$$W_0=86.89+0.370S_L+11.24\frac{C}{W}+1.00S_P \quad (4.2.11\text{-}4)$$

掺外加剂的混凝土单位用水量

$$W_{0w}=W_0\left(1-\frac{\beta}{100}\right) \quad (4.2.11\text{-}5)$$

式中：W_0——不掺外加剂与掺合料混凝土的单位用水量（kg/m^3）；

S_L——坍落度（mm）；

S_P——砂率（%）；

W_{0w}——掺外加剂混凝土的单位用水量（kg/m^3）；

β——所用外加剂剂量的实测减水率（%）。

表 4.2.11-2 面层水泥混凝土最大单位用水量（kg/m^3）

施工工艺	碎石混凝土	卵石混凝土	施工工艺	碎石混凝土	卵石混凝土
滑模摊铺机摊铺	160	155	小型机具摊铺	150	145
三辊轴机组摊铺	153	148			

注：破碎卵石混凝土最大单位用水量可在碎石和卵石混凝土之间内插取值。

5 计算单位水泥用量。可由式（4.2.11-6）计算，计算结果小于表 4.2.4 规定值时，应取表 4.2.4 的规定值。

$$C_0 = \frac{C}{W} W_0 \tag{4.2.11-6}$$

式中：C_0——单位水泥用量（kg/m^3）。

6 集料用量可按密度法或体积法计算。按密度法计算时，混凝土单位质量可取 2 400～2 450kg/m^3；按体积法计算时，应计入设计含气量。

7 经计算得到的配合比，应验算粗集料填充体积率。粗集料填充体积率不宜小于 70%。

4.2.12 掺用掺合料时，配合比设计应符合下列规定：

1 掺用矿渣粉或硅灰时，配合比设计应采用等量取代水泥法，掺量应通过试验确定，并应扣除水泥中相同数量的矿渣粉或硅灰。

2 掺用粉煤灰时，配合比设计宜按超量取代法进行，取代水泥的部分应扣除等量水泥量；超量部分应代替砂，并折减用砂量。

3 Ⅰ、Ⅱ级粉煤灰的超量取代系数可按表 4.2.12 初选。粉煤灰最大掺量，Ⅰ型硅酸盐水泥不宜大于 30%；Ⅱ型硅酸盐水泥不宜大于 25%；道路硅酸盐水泥不宜大于 20%。粉煤灰总掺量应通过试验最终确定。

表 4.2.12 各级粉煤灰的超量取代系数

粉煤灰等级	Ⅰ	Ⅱ	Ⅲ
超量取代系数 k	1.1～1.4	1.3～1.7	1.5～2.0

4.3 纤维混凝土配合比设计

4.3.1 钢纤维混凝土的钢纤维体积率应根据设计弯拉强度标准值确定，缺少经验时，可参照表 4.3.1 进行试配。

表 4.3.1 钢纤维混凝土钢纤维体积率参考值

钢纤维混凝土设计弯拉强度标准值 f_{f}（MPa）	6.0	5.5	5.0
600MPa 钢纤维掺量体积率[a,b]（%）	0.8～1.0	0.60～0.80	<0.60

注：[a]当所用的钢纤维抗拉强度为 1 000MPa 时，表中的 600MPa 钢纤维掺量体积率可乘以 0.90 的系数。
[b]钢纤维体积率按本细则附录 D 规定的方法进行检测。

4.3.2 钢纤维混凝土配制28d弯拉强度的均值宜按式（4.3.2）计算。

$$f_{cf} = \frac{f_{rf}}{1 - 1.04C_v} + ts \tag{4.3.2}$$

式中：f_{cf}——钢纤维混凝土配制28d弯拉强度的均值（MPa）；

f_{rf}——钢纤维混凝土设计弯拉强度标准值（MPa），根据设计确定；

t——保证率系数，可按表4.2.2-1确定；

s——弯拉强度试验样本的标准差，可在表4.2.2-2规定范围内取值；

C_v——弯拉强度变异系数，根据实测或参考表4.2.2-3确定。

4.3.3 由式（4.3.2）计算出配制28d弯拉强度的均值f_{cf}、试验得到f_c后，可由式（4.3.3）计算钢纤维含量特征值。

$$\lambda = \frac{\frac{f_{cf}}{f_c} - 1}{\alpha} \tag{4.3.3}$$

式中：λ——钢纤维含量特征值；

f_c——同强度等级水泥混凝土28d配制弯拉强度均值（MPa）；

α——钢纤维外形对弯拉强度的影响系数，宜通过试验确定；当混凝土不掺加钢纤维强度等级为C20～C80时，可参照表4.3.3选用。

表4.3.3　钢纤维外形对弯拉强度的影响系数参考值

钢纤维品种	高强钢丝切断型		钢板剪切型		钢锭铣削型		低合金钢熔抽异型	
钢纤维外形	端钩形		异形		端钩形		大头形	
水泥混凝土强度等级（MPa）	20～45	50～80	20～45	50～80	20～45	50～80	20～45	50～80
影响系数 α	1.13	1.25	0.79	0.93	0.92	1.10	0.73	0.91

4.3.4 钢纤维体积率可根据式（4.3.3）计算出的钢纤维含量特征值λ、选定的钢纤维长度以及直径或等效直径，由式（4.3.4）计算得出。

$$\rho = \frac{\lambda d}{l} \times 100 \tag{4.3.4}$$

式中：ρ——钢纤维体积率（%）；

λ——钢纤维含量特征值；

l——钢纤维长度（mm）；

d——钢纤维直径或等效直径（mm）。

4.3.5 钢纤维体积率为0.6%～1.0%时，钢纤维混凝土的设计坍落度宜比水泥混凝土大20～30mm；钢纤维体积率小于0.6%时，钢纤维混凝土的坍落度宜与水泥混凝土相同。

4.3.6 钢纤维混凝土的最大水灰（胶）比和最小单位水泥用量应符合表4.3.6的规定。

表4.3.6 钢纤维混凝土最大水灰（胶）比和最小单位水泥用量

公路等级		高速公路、一级公路	二级公路
最大水灰（胶）比		0.47	0.49
有抗冰冻要求时最大水灰（胶）比		0.45	0.46
有抗盐冻要求时最大水灰（胶）比[a]		0.42	0.43
最小单位水泥用量（kg/m^3）	52.5级	350	350
	42.5级	360	360
抗冰冻、抗盐冻最小单位水泥用量（kg/m^3）	52.5级	370	370
	42.5级	380	380
掺粉煤灰时最小单位水泥用量（kg/m^3）	52.5级	310	310
	42.5级	320	320
抗冰冻、抗盐冻掺粉煤灰最小单位水泥用量（kg/m^3）	52.5级	320	320
	42.5级	340	340

注：[a]处在除冰盐、海风、酸雨或硫酸盐等腐蚀性环境中或在大纵坡等加减速车道上时，宜采用较小的水灰（胶）比。

4.3.7 钢纤维混凝土的抗冰冻性、抗盐冻性、耐磨性、含气量及最大气泡间距系数应分别符合本细则第4.2.5、4.2.7、4.2.8、4.2.6条的要求。

4.3.8 钢纤维混凝土不得采用海水、海砂，不得掺加氯盐及氯盐类早强剂、防冻剂等外加剂。处在海水、海风及除冰盐等环境中钢纤维混凝土路面宜掺用Ⅰ、Ⅱ级粉煤灰或矿渣粉。桥面不宜掺粉煤灰。

4.3.9 钢纤维混凝土配合比设计采用正交试验法时，除应符合本细则第4.2.10条的相关规定外，在正交试验的因素中尚应有钢纤维掺量。

4.3.10 钢纤维混凝土配合比可按下列要求，采用经验公式计算：

1 钢纤维混凝土配制28d弯拉强度均值f_{cf}，可由式（4.3.2）计算确定。

2 钢纤维体积率可按式（4.3.3）、式（4.3.4）计算，外形影响系数可查表4.3.3。

3 钢纤维混凝土单位用水量可按表4.3.10初选，再经试拌坍落度校正后确定。

表 4.3.10　钢纤维混凝土单位用水量初选表

拌合物条件	粗集料种类	粗集料公称最大粒径（mm）	单位用水量（kg/m^3）
$\frac{l}{d}$[a]=50　ρ[b]=0.6% 坍落度[c]20mm 中砂，细度模数[d]2.5 水灰比 0.42～0.50	碎石	9.5、16.0	215
		19.0、26.5	200
	卵石	9.5、16.0	208
		19.0、26.5	190

注：[a]钢纤维长径比$\frac{l}{d}$每增减 10，单位用水量相应增减 $10kg/m^3$。

[b]钢纤维体积率 ρ 每增减 0.5%，单位用水量相应增减 $8kg/m^3$。

[c]坍落度在 10～50mm 范围内，相对于坍落度 20mm 每增减 10mm，单位用水量相应增减 $7kg/m^3$。

[d]细度模数在 2.0～3.5 范围内，砂的细度模数每增减 0.1，单位用水量相应减增 $1kg/m^3$。

4　钢纤维混凝土水灰比可由式（4.3.10-1）计算。钢纤维混凝土的水灰比应取计算值与表 4.3.6 规定值两者中的小值。

$$\frac{W}{C}=\frac{0.128}{\frac{f_{cf}}{f_s}-0.301-0.325\lambda} \tag{4.3.10-1}$$

式中：f_{cf}——钢纤维混凝土配制 28d 弯拉强度均值（MPa）；

f_s——水泥实测 28d 抗折强度（MPa）；

$\frac{W}{C}$——钢纤维混凝土的水灰比；

λ——钢纤维含量特征值，可由式（4.3.3）或式（4.3.4）计算。

5　钢纤维混凝土的单位水泥用量可按式（4.3.10-2）计算。钢纤维混凝土的单位水泥用量应取计算值与表 4.3.6 规定值两者中的大值。

$$C_{of}=\frac{W_{of}}{\frac{W}{C}} \tag{4.3.10-2}$$

式中：C_{of}——钢纤维混凝土的单位水泥用量（kg/m^3）；

$\frac{W}{C}$——钢纤维混凝土的水灰比；

W_{of}——钢纤维混凝土的单位用水量（kg/m^3）。

6　钢纤维混凝土砂率可按式（4.3.10-3）计算，再经试拌坍落度校正后确定。砂率宜在 38%～50% 之间。

$$S_{pf}=S_p+10\rho \tag{4.3.10-3}$$

式中：S_{pf}——钢纤维混凝土砂率（%）；

S_p——水泥混凝土砂率（%）；

ρ——钢纤维体积率（%）。

7　集料用量可采用密度法或体积法计算。按密度法计算时，钢纤维混凝土单位质量可取基体混凝土的单位质量加掺入钢纤维单位质量之和；按体积法计算时，应计入设计含气量。

4.3.11 用于混凝土提高抗裂性能的玄武岩纤维及合成纤维的掺量可参考表4.3.11初选后，经试配确定。

表4.3.11 玄武岩纤维及合成纤维的掺量范围

纤维品种	玄武岩纤维	聚丙烯腈纤维	聚丙烯粗纤维	聚酰胺纤维	聚乙烯醇纤维
体积率（%）	0.05～0.30	0.06～0.30	0.30～1.5	0.10～0.30	0.10～0.30
掺量范围（kg/m^3）	1.3～8.0	0.50～2.7	2.7～14.0	1.1～3.5	1.3～4.0

注：桥面纤维混凝土体积率宜选上限，纤维体积率的测定可参照本细则附录D的试验方法。

4.3.12 玄武岩纤维及合成纤维混凝土的配合比设计应进行工作性和耐久性试验验证，其抗裂性应符合下列规定：

1 用于路面抗裂的纤维混凝土试验室实测早期裂缝降低率不应小于30%，早期抗裂等级不应低于表4.3.12中L-Ⅲ等级。

2 用于桥面抗裂的纤维混凝土试验室实测裂缝降低率不应小于60%，早期抗裂性等级不应低于表4.3.12中L-Ⅳ等级。

3 掺入纤维的拌合物应与相同配合比基体混凝土做早期抗裂性对比试验，试验方法应按附录E进行。

表4.3.12 抗裂纤维混凝土早期抗裂等级及其裂缝降低率

抗裂等级	L-Ⅰ	L-Ⅱ	L-Ⅲ	L-Ⅳ	L-Ⅴ
单位面积上的总开裂面积 C（mm^2/m^2）	$C \geq 1\,000$	$700 \leq C < 1\,000$	$400 \leq C < 700$	$100 \leq C < 400$	$C < 100$
平均裂缝降低率 β（%）	0	0～30	30～60	60～90	>90

注：1. 抗裂等级的划分源自《混凝土耐久性检验评定标准》（JGJ/T 193—2009）。
2. 混凝土早期抗裂性试验结果满足 C 与 β 其中之一即可确定抗裂等级。

4 玄武岩纤维及合成纤维混凝土的目标配合比设计可按钢纤维有关规定执行。

条文说明

用极低掺量（1.0～3.0kg/m^3）玄武岩纤维或合成纤维配制的混凝土具备显著的抗早期开裂能力，这对于常年刮风垭口的路面与特大桥的桥面等具有重要实用价值。

由于掺量很小，对弯拉强度、工作性、设计板厚影响均很小，其配合比设计是按第4.2节水泥混凝土配合比设计进行的，但应通过早期抗裂等级及其裂缝降低率的试验验证，达到表4.3.12要求者，方可应用于面层抗裂。桥面铺装层厚度一般比路面薄，上下表面均失水较多较快，开裂风险大于路面，因此，桥面混凝土的抗裂等级定为L-Ⅳ级。关键技术思想是当纤维混凝土达到早期抗裂等级后，运营期间，抗裂纤维混凝土的长期耐疲劳循环次数将成倍增加，疲劳使用寿命将大为延长。

4.4 碾压混凝土配合比设计

4.4.1 本节适用于高速公路、一级公路碾压混凝土下面层，二级及二级以下公路碾压混凝土面层的目标配合比设计。

4.4.2 碾压混凝土配制28d弯拉强度均值f_{cc}可按式（4.4.2-1）计算。碾压混凝土压实安全弯拉强度f_{cy}有实测统计数据时，可按式（4.4.2-2）计算；无实测数据时，f_{cy}可在0.20～0.35MPa间选用。

$$f_{cc} = \frac{f_r + f_{cy}}{1 - 1.04C_v} + ts \tag{4.4.2-1}$$

$$f_{cy} = \frac{\delta}{2}(y_{c1} + y_{c2}) \tag{4.4.2-2}$$

式中：f_{cc}——碾压混凝土配制28d弯拉强度均值（MPa）；

f_r——碾压混凝土设计弯拉强度标准值（MPa），由设计确定；

f_{cy}——碾压混凝土压实安全弯拉强度（MPa）；

t——保证率系数，应按表4.2.2-1确定；

s——弯拉强度试验样本的标准差（MPa），取值应符合本细则第4.2.2条规定；

C_v——弯拉强度变异系数，按表4.2.2-3确定；

y_{c1}——弯拉强度试件标准压实度（95%）；

y_{c2}——路面芯样压实度下限值（由芯样压实度统计得出）；

δ——相应于压实度变化1.0%的弯拉强度波动值（通过试验得出）。

4.4.3 碾压混凝土改进VC值试验方法应符合现行《公路工程水泥及水泥混凝土试验规程》（JTG E30）中T 0524的规定，搅拌机出口改进VC值宜为5～10s；碾压时的改进VC值宜控制在20～30s。试验中的试样表面出浆评分应为4～5分。

4.4.4 碾压混凝土最大水灰（胶）比和最小单位水泥用量应符合表4.4.4的规定。

表4.4.4 碾压混凝土最大水灰（胶）比和最小单位水泥用量

公路等级		二级公路面层，高速公路下面层	三、四级公路面层，一级公路下面层
最大水灰（胶）比		0.40	0.42
有抗冰冻要求时最大水灰（胶）比		0.38	0.40
有抗盐冻要求时最大水灰（胶）比		0.36	0.38
最小单位水泥用量（kg/m³）	42.5级	290	280
	32.5级	305	300

续上表

公 路 等 级		二级公路面层，高速公路下面层	三、四级公路面层，一级公路下面层
有抗冰冻、抗盐冻要求时最小单位水泥用量（kg/m³）	42.5 级	315	310
	32.5 级	325	320
掺粉煤灰时最小单位水泥用量（kg/m³）	42.5 级	255	250
	32.5 级	265	260
有抗冰冻、抗盐冻要求时掺粉煤灰混凝土最小单位水泥用量（kg/m³）	42.5 级	260	265
	32.5 级	275	270

4.4.5 碾压混凝土面层、下面层拌和楼出口含气量均值及允许偏差范围宜为3.0% ±0.5%。严寒与寒冷地区碾压混凝土面层含气量应符合表4.2.6-1 抗冰冻和抗盐冻要求。

4.4.6 碾压混凝土的抗冰冻性、抗盐冻性应符合本细则第4.2.5、4.2.7 条的要求。

4.4.7 碾压混凝土面层的耐磨性宜符合本细则第4.2.8 条的规定。碾压混凝土面层用粗集料的磨光值 PSV 不应小于36.0。碾压混凝土下面层可不要求耐磨性与磨光值。

4.4.8 碾压混凝土粗、细集料合成级配范围宜符合表4.4.8 的规定。

表4.4.8　碾压混凝土粗、细集料合成级配范围

筛孔尺寸（mm）	19.0	9.50	4.75	2.36	1.18	0.60	0.30	0.15
通过百分率[a]（%）	90～100	50～70	35～47	25～38	18～30	10～23	5～15	3～10

注：[a]用作面层时，各筛孔的通过百分率允许误差为±3.0%。

4.4.9 碾压混凝土中掺用粉煤灰时，应符合下列规定：

1　粉煤灰质量标准应符合表3.2.2 的规定。

2　面层与下面层应采用Ⅰ级或Ⅱ级粉煤灰。

3　碾压混凝土中掺用粉煤灰时，应采用超量取代法。粉煤灰超量取代系数 k，对于Ⅰ级灰可取1.4～1.8，Ⅱ级灰可取1.6～2.0。

4.4.10 碾压混凝土中减水剂和引气剂的使用除应满足本细则第3.6 节的规定外，尚应预先通过碾压混凝土性能试验优选品种和掺量，确认满足各项质量标准后方可使用。

4.4.11 碾压混凝土采用正交试验法进行配合比设计时，可按下列要求进行：

1　不掺粉煤灰的碾压混凝土正交试验可选用水量、水泥用量、粗集料填充体积率3 个因素；掺粉煤灰的碾压混凝土可选用水量、基准胶材总量、粉煤灰掺量、粗集料填充体积率4个因素。每个因素选定3个水平，选用 L_9（3^4）正交表安排试验方案。

2　对正交试验结果进行直观及回归分析，回归分析的考察指标应包括VC值及抗离析性、弯拉强度或抗压强度、抗冻性或耐磨性。根据分析结果并综合考虑拌合物工作性，确定满足28d弯拉强度或抗压强度、抗冻性或耐磨性等设计要求的正交初步配合比。

4.4.12　不掺粉煤灰的碾压混凝土配合比设计采用经验法时，可按下列步骤进行：

1　按式（4.4.12-1）计算单位用水量。

$$W_{0c} = 137.7 - 20.55\lg VC \tag{4.4.12-1}$$

式中：W_{0c}——碾压混凝土的单位用水量（kg/m^3）；

VC——碾压混凝土拌合物改进VC值（s）。

2　按式（4.4.12-2）计算水灰比。水灰比应取计算值与表4.4.4中规定值两者中的小值。

$$\frac{W}{C} = \frac{0.2156 f_s}{f_{cc} - 0.172 f_s} \tag{4.4.12-2}$$

式中：$\frac{W}{C}$——水灰比；

f_{cc}——碾压混凝土配制28d弯拉强度均值（MPa）；

f_s——水泥实测28d抗折强度（MPa）。

3　按式（4.4.12-3）计算单位水泥用量。单位水泥用量应取计算值与表4.4.4规定值两者中大值。

$$C_{0c} = \frac{W_{0c}}{\frac{W}{C}} \tag{4.4.12-3}$$

式中：C_{0c}——碾压混凝土单位水泥用量（kg/m^3）；

W_{0c}——碾压混凝土的单位用水量（kg/m^3）；

$\frac{W}{C}$——水灰比。

4　按表4.4.12选定配合比中粗集料填充体积率。

表4.4.12　粗集料填充体积率 V_g 表

砂细度模数 M_X	2.40	2.60	2.80	3.00
粗集料填充体积百分率 V_g（%）	75±2	73±2	71±2	69±2

5　按式（4.4.12-4）计算粗集料用量。

$$G_{0c} = \gamma_{cc}\frac{V_g}{100} \tag{4.4.12-4}$$

式中：G_{0c}——碾压混凝土粗集料单位体积用量（kg/m^3）；

γ_{cc}——碾压混凝土粗集料视密度（kg/m^3）；

V_g——粗集料填充体积率（%）。

6 根据 G_{0c}、C_{0c}、W_{0c} 及原材料密度，按体积法计算用砂量 S_{0c}，计算时应计入设计含气量。

7 按式（4.4.12-5）计算单位外加剂用量。

$$Y_{0c} = yC_{0c} \tag{4.4.12-5}$$

式中：Y_{0c}——碾压混凝土中单位外加剂用量（kg/m^3）；

C_{0c}——碾压混凝土单位水泥用量（kg/m^3）；

y——外加剂掺量。

4.4.13 掺粉煤灰的碾压混凝土配合比设计采用经验公式法时，可按下列步骤进行：

1 按表 4.4.12 选定粗集料填充体积率 V_g，由式（4.4.12-4）计算单位体积粗集料用量 G_{0c}。

2 按第 4.4.9 条初选粉煤灰超量取代系数 k，并按经验公式法或正交试验法分析结果选定代替水泥的粉煤灰掺量 F_{cc}。

3 按式（4.4.13-1）计算单位用水量。

$$W_{0fc} = 135.5 - 21.1\lg VC + 0.32F_{cc} \tag{4.4.13-1}$$

式中：W_{0fc}——掺粉煤灰的碾压混凝土单位用水量（kg/m^3）；

VC——碾压混凝土拌合物改进 VC 值（s）；

F_{cc}——代替水泥的粉煤灰掺量（%）。

4 按式（4.4.13-2）计算基准胶材总量。

$$J = 200(f_{cc} - 7.22 + 0.025F_{cc} + 0.023V_g) \tag{4.4.13-2}$$

式中：J——碾压混凝土中单位体积基准胶材总量（kg/m^3）；

f_{cc}——碾压混凝土配制 28d 弯拉强度均值（MPa）；

F_{cc}——代替水泥的粉煤灰掺量（%）；

V_g——粗集料填充体积率（%）。

5 按式（4.4.13-3）计算单位水泥用量。单位水泥用量应取计算值与表 4.4.4 规定值两者中大值。

$$C_{0fc} = J\left(1 - \frac{F_c}{100}\right) \tag{4.4.13-3}$$

式中：C_{0fc}——掺粉煤灰的碾压混凝土单位水泥用量（kg/m^3）；

J——碾压混凝土中单位体积基准胶材总量（kg/m^3）；

F_c——单位粉煤灰用量（kg/m^3）。

6 按式（4.4.13-4）计算单位粉煤灰用量。

$$F_c = C_{0fc}F_{cc}k \tag{4.4.13-4}$$

式中：C_{0fc}——掺粉煤灰的碾压混凝土单位水泥用量（kg/m^3）；

F_c——单位粉煤灰用量（kg/m^3）；

F_{cc}——代替水泥的粉煤灰掺量（%）；

k——粉煤灰超量取代系数。

7　按式（4.4.13-5）计算总水胶比。总水胶比应取计算值与表4.4.4规定值两者中小值。

$$\frac{W}{J_Z}=\frac{W_{0fc}}{C_{0fc}+F_c} \tag{4.4.13-5}$$

式中：$\frac{W}{J_Z}$——碾压混凝土中总水胶比；

W_{0fc}——掺粉煤灰的碾压混凝土单位用水量（kg/m^3）；

C_{0fc}——掺粉煤灰的碾压混凝土单位水泥用量（kg/m^3）；

F_c——单位粉煤灰用量（kg/m^3）。

8　根据G_{0c}、C_{0fc}、F_c、W_{0fc}及相应原材料密度，按体积法计算单位用砂量S_{0c}，计算时应计入设计含气量。

9　按式（4.4.13-6）计算单位外加剂用量

$$Y_{0fc}=y_f(C_{0fc}+F_c) \tag{4.4.13-6}$$

式中：Y_{0fc}——掺粉煤灰的碾压混凝土单位外加剂用量（kg/m^3）；

y_f——掺粉煤灰的碾压混凝土外加剂掺量（kg/m^3）；

C_{0fc}——掺粉煤灰的碾压混凝土单位水泥用量（kg/m^3）；

F_c——单位粉煤灰用量（kg/m^3）。

4.5　配合比检验与施工控制

4.5.1　各阶段混凝土的配合比应遵循本细则第4.1.4～4.1.8条规定的程序、要求和现行《公路工程水泥及水泥混凝土试验规程》（JTG E30）规定的试验方法进行试配检验。

4.5.2　应检验混凝土拌合物工作性是否满足相应摊铺工艺的要求。检验项目应包括含气量、坍落度及经时损失、振动黏度系数、碾压混凝土改进VC值。

4.5.3　采用密度法计算的配合比，应实测拌合物视密度，并应按视密度调整配合比，调整时水灰比不得增大，单位水泥用量、各种纤维掺量不得减小。调整后的拌合物视密度允许偏差应达到调整前的±2.0%之内。

4.5.4　各种混凝土应实测7d和28d配制弯拉强度均值和/或抗压强度均值。掺粉煤灰水泥混凝土还应实测56d配制弯拉强度均值。实测弯拉强度后，宜利用其试件完好部分实测抗压强度与劈裂强度。强度实测结果应符合其质量标准。

4.5.5 耐久性检验应符合下列规定：

1 各级公路面层与桥面混凝土设计配合比应实测耐磨性，并应符合表4.2.8的规定。

2 有抗冰冻要求时，应实测拌合物含气量、硬化混凝土最大气泡间距系数和抗冻性，并应分别符合表4.2.6-1、表4.2.6-2和表4.2.5的规定。

3 有抗盐冻要求时，除应检验含气量和最大气泡间距系数外，尚应实测抗盐冻性，并应符合本细则第4.2.7条的规定。

4.5.6 施工期间，料堆的实际含水率发生变化时，应实测粗、细集料的实际含水率，并按下列各式对粗、细集料的称量和加水量做出调整，以保持基准配合比不变。

$$S_w = S_0(1 \pm w_s) \tag{4.5.6-1}$$

$$G_w = G_0(1 \pm w_g) \tag{4.5.6-2}$$

$$W_w = W_0 - G_0 w_g - S_0 w_s \tag{4.5.6-3}$$

$$W_w = W_0 + G_0 w_g + S_0 w_s \tag{4.5.6-4}$$

式中：w_s——细集料中增加（+）或减少（-）的含水率（%）；

w_g——粗集料中增加（+）或减少（-）的含水率（%）；

S_0——原施工配合比细集料单位用量（kg/m^3）；

G_0——原施工配合比粗集料单位用量（kg/m^3）；

W_0——原施工配合比单位用水量（kg/m^3）；

S_w——含水率调整后施工配合比中细集料单位用量（kg/m^3）；

G_w——含水率调整后施工配合比中粗集料单位用量（kg/m^3）；

W_w——粗、细集料含水率调整后施工配合比中单位用水量（kg/m^3）。

4.5.7 可根据施工季节、气温和运距等的变化，微调高效减水剂、引气剂、缓凝剂或早强剂的掺量，保持摊铺现场的坍落度始终适宜于铺筑，减小摊铺前混凝土拌合物的工作性波动。

5 施工准备

5.1 一般规定

5.1.1 应充分了解并掌握设计要求。

5.1.2 应对施工现场及其附近的原材料、燃油、水资源储存及供应情况进行充分调研，收集当地气候特征、中长期天气预报、无线通信条件等与施工相关的资料。

5.1.3 应根据标段施工条件、场地位置、沿线建筑物等情况，对现场施工便道、拌和站、钢筋加工场、生活与办公区等进行合理的总体布局。

5.1.4 应根据路面的设计与施工质量控制水平要求、工程规模、进度工期等条件，选择适宜施工工艺、机械设备及其数量，制订施工方案和施工组织计划。

5.1.5 应对拌和楼（机）与滑模摊铺机操作手和各特种岗位人员进行培训。未经培训的人员不得上岗操作。

5.1.6 应制订拌和楼、发电（机）站、运输车、滑模摊铺机、沥青摊铺机、三辊轴机组等大型机械设备的安全操作规程，并在施工中严格执行。

5.1.7 基层、封层或夹层应验收合格，并应测量校核平面和高程控制桩，恢复路面中心、边缘等全部基本标桩，测量精度应满足相应规范的规定。

5.1.8 进场时，每批量原材料应有产品合格证。应建立能对原材料、配合比和施工质量进行检测和控制、符合相应资质要求的工地试验室。

5.1.9 施工现场的发电机、线缆等应放置在无车辆、人、畜通行部位，确保用电安全。

5.1.10 使用填缝料、外加剂、水泥或粉煤灰、矿渣粉时，现场操作人员应按规定配戴防护用具。

5.1.11 所有施工机械、电力、燃料等操作部位，严禁吸烟和有任何明火。摊铺机、拌和楼、油库、发电站、配电站等重要施工设备上应配备消防器具，确保防火安全。

5.1.12 所有机械设备机手不得擅离操作台，严禁用手或工具触碰正在运转机件。非操作人员不得登机。

5.1.13 大型摊铺设备停放在通车道路上时，周围应设置明显的安全标志，正对行车方向应提前不少于200m引导车辆转向，夜间应以红灯示警。

5.2 施工组织

5.2.1 施工组织设计应包括下列内容：

1 施工机械设备种类与数量组合、进场计划、操作人员与设备调配方案；

2 路面的施工工艺流程、质量检验计划、关键工序质量控制要求；

3 配合比的试验、检验与控制程序，计划和质检人员安排；

4 工程计划进度网络图及直方图；

5 原材料进场计划，水资源、油料与电力获取方式、供应计划与备用方案；

6 劳动力进场计划；

7 拌和站、钢筋加工场、项目部与生活区建设方案；

8 施工便道及临时导改方案，原材料与混凝土运输道路的建设计划与施工交通管制；

9 安全生产计划等。

5.2.2 施工过程中，应结合工程的进展速度及变化情况，及时调整施工组织设计，使工程质量及进度始终处于可控状态。

5.2.3 摊铺现场和拌和站之间应建立快速有效的通信联络，及时进行生产调度、指挥和应急处置。

5.2.4 交通繁忙的路口应设立标志，疏导交通。夜间施工时，应保证施工照明，模板或基准线桩附近应设置警示灯或反光标志。

5.3 拌和站

5.3.1 拌和站的选址应防止噪声扰民和粉尘污染，距摊铺路段的最长运输距离不宜大于 20km。

5.3.2 拌和站应布置粗、细集料储存区、水泥或掺合料罐仓、蓄水池、搅拌生产区、工地试验室、钢筋储备库和加工场。使用袋装水泥时尚应设置水泥库。

5.3.3 拌和站的规模和场地布置应根据施工需求确定。应布置紧凑，节约用地。

5.3.4 拌和站蓄水池容量应满足拌和、清洗、养生用水及洒水防尘的需要。

5.3.5 拌和站的电力总容量应满足施工用电设备、施工照明及生活用电需要。

5.3.6 应保证摊铺机械、运输车辆及发电机等动力设备的燃料供应。离加油站较远工地宜设燃料储备库，并确保其储备安全。

5.3.7 水泥和掺合料的储存和供应符合下列规定：

1 散装水泥和粉煤灰应使用罐仓储存。罐仓顶部应有过滤、防潮措施。不同厂家的水泥应分罐存放，更换水泥品种或厂家时应清仓再灌。粉煤灰不得与水泥混罐。

2 罐仓中宜储备满足不少于 3d 生产需要的水泥与掺合料。水泥库应防水防潮。

5.3.8 纤维混凝土的拌和楼应配备专用纤维均匀分散装置，并储备 1 个月的纤维用量。

5.3.9 外加剂应设置储液罐或稀释池。储液罐、稀释池应与拌和楼外加剂计量容器的管路及沉淀池上下接通，并便于清理沉淀。

5.3.10 集料储备应符合下列规定：

1 施工前，宜储备不少于正常施工 10d 用量的粗、细集料。

2 料场宜建在排水通畅的位置，底部应作硬化处理。不同规格的集料之间应设置隔离设施，并设置明显标志牌，避免混杂。

3 应控制粗、细集料中粉尘与含泥量，并应架设顶棚，保证其含水率稳定。

5.3.11 拌和站内的运输道路及拌和楼下应硬化处理，其结构和强度应满足施工车辆行驶的需要。

5.3.12 拌和站内宜设置完善的排水设施，水泥库、备件库及集料堆场应重点进行防排水设计，拌和站四周应设置截水沟或排水沟。搅拌楼应设置污水排放管沟、沉淀池或污水回收处理设备。

5.3.13 拌和站应保持清洁，排除积水，并及时整治运输道路和停车场地，做到整洁、标准化施工。

5.3.14 从拌和楼清理出的混凝土残渣应集中利用或掩埋处理。

5.4 原材料与设备检查

5.4.1 对各种原材料，应将相同料源、规格、品种原材料作为一个批次，按表5.4.1中的全部检测项目、检测频率和试验方法进行检测，检测合格并经配合比试验确认满足要求后，方可使用。不合格原材料不得进场。

表 5.4.1 混凝土原材料的检测项目及频率

材料	检测项目	检测频率		试验方法
		高速公路、一级公路	其他等级公路	
水泥	抗折强度、抗压强度、安定性	机铺 1 500t 一批	机铺 1 500t、小型机具 500t 一批	GB 175 GB 13693
	凝结时间、标稠需水量、细度	机铺 2 000t 一批	机铺 3 000t、小型机具 500t 一批	
	f-CaO、MgO、SO_3 含量，铝酸三钙、铁铝酸四钙含量，干缩率、耐磨性、碱度，混合材料种类及数量	每合同段不少于 3 次，进场前必测	每合同段不少于 3 次，进场前必测	
	温度	冬、夏季施工随时检测	冬、夏季施工随时检测	温度计
掺合料	活性指数、细度、烧失量	机铺 1 500t 一批	机铺 1 500t、小型机具 500t 一批	GB/T 18736 GB/T 1596
	需水量比、SO_3 含量	每合同段不少于 3 次，进场前必测	每合同段不少于 3 次，进场前必测	
粗集料	级配，针片状、超径颗粒含量，表观密度，堆积密度，空隙率	机铺 2 500m^3 一批	机铺 5 000m^3、小型机具 1 500m^3 一批	JTG E42 T0302、T0312、T0308、T0309
	含泥量、泥块含量	机铺 1 000m^3 一批	机铺 2 000m^3、小型机具 1 000m^3 一批	JTG E42 T0310
	压碎值、岩石抗压强度	每种粗集料每合同段不少于 2 次	每种粗集料每合同段不少于 2 次	JTG E42 T0316/JTG E41 T0221
	碱集料反应	怀疑有碱活性集料进场前测	怀疑有碱活性集料进场前测	JTG E42 T0325
	含水率	降雨或湿度变化随时测，且每日不少于 2 次	降雨或湿度变化随时测，且每日不少于 2 次	JTG E42 T0307

续上表

材料	检 测 项 目	检 测 频 率		试验方法
		高速公路、一级公路	其他等级公路	
砂	细度模数、表观密度、堆积密度、空隙率、级配	机铺 2 000m^3 一批	机铺 4 000m^3、小型机具 1 500m^3 一批	JTG E42 T0331 T0328
	含泥量，泥块、石粉含量	机铺 1 000m^3 一批	机铺 2 000m^3、小型机具 500m^3 一批	JTG E42 T0333/T0335
	坚固性	每种砂每合同段不少于 3 次	每种砂每合同段不少于 3 次	JTG E42 T0340
	云母含量、轻物质与有机物含量	目测有云母或杂质时测	目测有云母或杂质时测	JTG E42 T0337
	硫化物及硫酸盐、海砂中氯离子含量	必要时测，淡化海砂每合同段 3 次	必要时测，淡化海砂每合同段 2 次	JTG E42 T0341 JGJ 206
	含水率	降雨或湿度变化随时测，且每日不少于 4 次	降雨或湿度变化随时测，且每日不少于 3 次	JTG E42 T0330
外加剂	减水率、缓凝时间，液体外加剂含固量和相对密度，粉状外加剂的不溶物含量	机铺 5t 一批	机铺 5t、小型机具 3t 一批	GB 8076
	引气剂含气量、气泡细密程度和稳定性	机铺 2t 一批	机铺 3t、小型机具 1t 一批	
纤维	抗拉强度、弯折性能或延伸率、长度、长径比、形状	开工前或有变化时，每合同段 3 次	开工前或有变化时，每合同段 3 次	GB/T 228 JT/T 776.1 GB/T 21120
	杂质、质量及其偏差	机铺 50t 一批	机铺 50t、小型机具 30t 一批	
养生材料	有效保水率、抗压强度比、耐磨性、耐热性、膜水溶性、含固量、成膜时间、薄膜或成膜连续不透气性	开工前或有变化时，每合同段不少于 3 次，每 5t 一批	开工前或有变化时，每合同段不少于 3 次，每 5t 一批	JT/T 522 JG/T 188
水	pH 值、含盐量、硫酸根及杂质含量	开工前和水源有变化时	开工前和水源有变化时	JGJ 63

注：1. 当原材料规格、品种、生产厂、来源变化时或开工前，所有原材料项目均应检验。
2. 机铺指滑模、三辊轴机组和碾压混凝土摊铺，数量不足一批时，按一批检验。

5.4.2 施工前应对机械设备、测量仪器、基准线或模板、机具工具及各种试验仪器等进行全面检查、调试、校核、标定，并适量储备主要施工机械易损零部件。

5.5 路基沉降观测与基层检查修复

5.5.1 施工前应对桥头、软基、高填方、填挖方交界等处的路基段进行连续沉降观测，当发现局部路基段沉降尚未稳定时，不得进行该段面层施工。

条文说明

水泥混凝土刚性路面对路基稳定性的要求高于柔性路面，路基变形引起的脱空将导致混凝土路面产生早期破碎板等破损，因此要求在施工前对可能出现沉降非稳固的路段进行连续沉降观测，路基沉降曲线过拐点，方可确认沉降已经稳定。

5.5.2 面层施工前，应提供足够连续施工7d以上的合格基层，并应严格控制表面高程和横坡。

5.5.3 局部破损的基层应按下列规定进行修复：

1 存在挤碎、隆起、空鼓等病害的基层，应清除病害部位，并使用相同的基层料重新铺筑。

2 当基层产生非扩展性温缩、干缩裂缝时，可先采用灌沥青密封防水后，再采用土工合成材料进行防裂处理。

3 局部开裂、破碎的部位，应局部全厚度挖除，并采用贫混凝土修复。

5.6 夹层与封层施工

5.6.1 沥青混凝土夹层、热沥青表面处治封层与乳化改性沥青稀浆封层的施工及质量标准应符合现行《公路沥青路面施工技术规范》（JTG F40）的相关规定。

5.6.2 土工布封层的施工应符合现行《公路土工合成材料应用技术规范》（JTG/T D32）的相关规定。

5.6.3 薄膜封层的铺设施工应符合下列规定：

1 施工前，应清除基层表面的浮土、碎石等杂物，再铺设薄膜。

2 封层铺设应完全覆盖基层表面，不得漏铺，并应做到平整、顺直，避免褶皱。一布一膜型复合土工膜或单面复合塑料编织布封层铺设应使膜面朝上，布面紧贴基层。

3 封层搭接时，纵向搭接长度不应小于500mm，横向搭接宽度不应小于300mm。采用黏结方式连接时，纵向黏结长度不应小于200mm，横向黏结宽度不应小于150mm。重叠部分，沿纵坡或横坡下降方向高程较大一侧，封层应在上方。

4 纵坡大于5.0%路段和设超高的弯道封层宜采用二布一膜型复合土工膜，平曲线上宜采用折线形式铺设。

5 薄膜封层宜与基层表面粘贴固定。

6 应对铺设好的封层进行保护，损坏的封层应及时进行修补。

7 封层铺设应在面层施工模板或基准线安装前完成。

5.6.4 薄膜封层铺设质量检验应符合下列规定：

1 薄膜封层铺设搭接偏差、宽度偏差不得超过规定值的20%。

2 因施工产生最大破口长度不得超过60mm；每$10m^2$范围内长度超过20mm的破口数量不得超过3个。所有破口均应贴补修复或更换新封层。

5.7 试验路段铺筑

5.7.1 二级及二级以上公路水泥混凝土面层施工前，应制订试验路段的施工方案和质量检测计划，并应铺筑试验路段。其他等级公路施工前宜铺筑试验路段。试验路段长度不应短于100m，高速公路、一级公路宜在主线路面以外进行试铺。

5.7.2 试验路段铺筑应达到下述目的：

1 确定拌和楼的拌和参数、实际生产能力和配料精度。

2 检验混凝土的施工性能、技术参数和实测强度。

3 检验铺筑机械、工艺参数及与拌和能力匹配情况。

4 检验施工组织方式、质量控制水平和人员配备。

5.7.3 拌和楼应通过动、静态标定检验合格后方可试拌。试拌应确定下列内容：

1 每座拌和楼的生产能力、施工配合比的配料精度，以及全部拌和楼（机）的总产量。

2 计算机拌和程序及粗细集料含水率的反馈控制系统满足要求。

3 合理投料顺序和时间、纯拌和与总拌和时间。

4 拌合物坍落度、VC值、含气量等工艺参数。

5 检验混凝土试件弯拉强度是否满足要求。

5.7.4 用于试验段的拌和楼（机）试拌合格后，方可进行试验路段铺筑。

5.7.5 试验路段铺筑时，应确定下列内容：

1 主要铺筑设备的工艺性能、质量指标和生产能力满足要求；辅助设备的配备合理、适用；模板架设固定方式或基准线设置方式能够保证高程和厚度控制要求。

2 实测试验路段的松铺系数、摊铺速度、振捣时间与频率、滚压遍数、碾压遍数、压实度、拉杆与传力杆置入精度、抗滑构造深度、摩擦系数、接缝顺直度等。

3 验证施工各工艺环节操作要领，确定各关键岗位的作业指导书。

4 检验施工组织形式和人员编制。

5 通信联络、生产调度指挥及应急管理系统满足施工组织要求。

5.7.6 试验路段铺筑后，应按本细则第13章的面层质量检验项目、技术要求和检查方法进行全面质量评定，并应符合下列规定：

1 应提交试验路段的检查结果总结报告，报告中应包括试铺路段所采用的工艺参数、检验结果、存在的问题及改进措施，对正式施工时拟采用的施工参数提出明确的指导书。

2 水泥混凝土路面试验路段应经过建设单位组织的对各项施工质量指标的复检和验收，合格后，经批准，方可投入正式铺筑施工。

3 符合本细则各项质量技术要求的施工工艺、流程和参数应固化为标准化的施工工艺模式，并贯穿施工全过程。

4 试验路段质量检验评定不合格，或未能达到预期目标时，应重新铺筑试验路段。

6 水泥混凝土拌合物搅拌与运输

6.1 一般规定

6.1.1 应根据工程规模、施工工艺和日进度要求合理配备拌和设备。

6.1.2 混凝土拌合物应在初凝时间之内运输到铺筑现场。

6.1.3 拌和楼（机）出口混凝土拌合物的坍落度应根据铺筑最适宜的坍落度值加上运输过程中坍落度的经时损失值确定，并应根据运距长短、气温高低随时进行微调。坍落度的微调应符合本细则第4.5.7条的要求。

6.1.4 当原材料、混凝土种类、混凝土强度等级等有变化时，应重新进行配合比设计及试拌，必要时应重新铺筑试验路段，合格后方可搅拌生产。

6.2 搅拌设备及运输车辆

6.2.1 拌和站的搅拌能力配置应符合下列规定：

1 拌和站最小生产能力应满足表6.2.1的规定。

表6.2.1 拌和站最小生产能力配置（m^3/h）

摊铺宽度	滑模摊铺	碾压混凝土	三辊轴机组摊铺	小型机具摊铺
单车道3.75~4.5m	≥150	≥100	≥75	≥50
双车道7.5~9m	≥300	≥200	≥100	≥75
整幅宽≥12.5m	≥400	≥300	—	—

2 拌和站配置的混凝土总设计标称生产能力可按式（6.2.1）计算，并按总搅拌能力确定拟采用的拌和楼（机）数量和型号。

$$M = 60\mu bhv_t \tag{6.2.1}$$

式中：M——拌和楼（机）总设计标称搅拌能力（m^3/h）；

μ——拌和楼（机）可靠性系数，取值范围1.2~1.5，根据下列具体情况确定：拌和楼（机）可靠性高，μ可取较小值，反之，μ取较大值；搅拌钢纤维混凝土时，μ 应取较大值；坍落度要求较低时，μ 应取较大值；

b——摊铺宽度（m）；

h——面层松铺厚度（m），普通与碾压混凝土分别取设计厚度 1.10 倍、1.15 倍；

v_t——摊铺速度（m/min），不小于 1m/min。

3 应根据需要和设备能力确定拌和楼（机）数量。同一拌和站的拌和楼（机）的规格宜统一，且宜采用同一厂家的设备。

4 每座拌和楼（机）应根据粗集料级配数加细集料进行分仓，各级集料不得混仓。粗、细集料仓顶应设置过滤超粒径颗粒的钢筋筛。

5 每座拌和楼（机）应配备不少于 2 个用于储存水泥的罐仓，每种掺合料应单独设置储存料仓。

6.2.2 水泥混凝土拌和应采用间歇强制式拌和楼（机），或配料计量精度满足要求的连续式拌和楼（机），不宜使用自落式滚筒搅拌机。高速公路、一级及二级公路水泥混凝土面层施工时，应采用配备计算机自动控制的强制式拌和楼（机）。

6.2.3 可选配车况优良、载质量 2～20t 的自卸车，自卸车后挡板应关闭紧密，运输时不漏浆撒料，车厢板应平整光滑。桥面铺装或远距离运输时，宜选配混凝土罐车。

6.2.4 运输车数量可按式（6.2.4）计算，且不应少于 3 辆，高速公路、一级公路不应少于 5 辆。

$$N = 2n\left(1 + \frac{S\rho_c m}{v_q g_q}\right) \tag{6.2.4}$$

式中：N——运输车数量（辆）；

n——相同产量拌和楼（机）台数；

S——单程运输距离（km）；

ρ_c——混凝土拌合物视密度（t/m^3）；

m——一座拌和楼（机）生产能力（m^3/h）；

v_q——车辆的平均运输速度（km/h）；

g_q——汽车载重能力（t/辆）。

6.3 混凝土拌和

6.3.1 施工单位应编制安全搅拌生产作业指导书，明确混凝土拌合物质量标准和安全拌和生产程序。拌和楼（机）机械上料时，在铲斗及拉铲活动范围内，人员不得逗留和通过。

6.3.2 拌和楼（机）应满足表6.3.2的计量精度要求。

表6.3.2 拌和楼（机）配料计量允许偏差（%）

材料名称	水泥	掺合料	纤维	细集料	粗集料	水	外加剂
高速公路、一级公路每盘	±1	±1	±2	±2	±2	±1	±1
高速公路、一级公路累计每车	±1	±1	±2	±2	±2	±1	±1
其他等级公路	±2	±2	±2	±3	±3	±2	±2

6.3.3 在标定有效期满或拌和楼（机）搬迁安装后，应重新标定。施工中应每15d校验一次拌和楼（机）计量精度。

6.3.4 采用计算机自动控制的拌和楼（机）时，应使用自动配料方式控制生产，并按要求打印对应路面摊铺桩号的混凝土配料统计数据及偏差。

6.3.5 拌和楼（机）拌和第一盘拌合物之前，应润湿搅拌锅，并排净积水。拌和楼（机）生产时，每台班结束后均应对搅拌锅进行清洗，剔除结硬的混凝土块，并更换严重磨损的搅拌叶片。

6.3.6 搅拌时间应根据拌合物的黏聚性、匀质性及搅拌机类型，经试拌确定，并应符合下列规定：

1 单立轴式搅拌机总搅拌时间宜为80～120s，纯搅拌时间不应短于40s。

2 行星立轴和双卧轴式搅拌机总搅拌时间宜为60～90s，纯搅拌时间不应短于35s。

3 连续双卧轴拌和楼（机）的总搅拌时间宜为80～120s，纯搅拌时间不应短于40s。

6.3.7 可溶解的外加剂应充分溶解、搅拌均匀后加入搅拌锅，并扣除溶液中的加水量。有沉淀的外加剂溶液，应每天清除一次稀释池中的沉淀物。

6.3.8 不可溶解的粉末外加剂加入前应过0.30mm筛，可与集料同时加入，并适当延长纯搅拌时间。

6.3.9 混凝土中掺有引气剂时，拌和楼（机）一次搅拌量不应大于其额定搅拌量的90%。

6.3.10 粉煤灰或其他掺合料应采用与水泥相同的输送、计量方式加入。加入粉煤灰的水泥混凝土拌合物的纯搅拌时间应比不掺的延长15～25s。

6.3.11 拌和楼（机）卸料时，自卸车每装载一盘拌合物应挪动一次车位，搅拌锅出口与车厢底板之间的卸料落差不应大于2.0m。

6.3.12 混凝土拌合物质量检验与控制应符合下列规定：

1 混凝土拌合物质量检测项目及频率应符合表6.3.12的规定。

表6.3.12 混凝土拌合物的质量检测项目及频率

检测项目	检测频率		
	高速公路、一级公路	其他等级公路	试验方法
水灰比及其稳定性	每5 000m^3抽检1次，有变化随时测	每5 000m^3抽检1次，有变化随时测	JTG E30 T0529
坍落度及其损失率	每工班测3次，有变化随时测	每工班测3次，有变化随时测	JTG E30 T0522
振动黏度系数	试拌、原材料和配合比有变化时测	试拌、原材料和配合比有变化时测	附录A
纤维体积率	每工班测2次，有变化随时测	每工班测1次，有变化随时测	附录D
含气量	每工班测2次，有抗冻要求不少于3次	每工班测1次，有抗冻要求不少于3次	JTG E30 T0526
泌水率	每工班测2次	每工班测2次	JTG E30 T0528
表观密度	每工班测1次	每工班测1次	JTG E30 T0525
温度、凝结时间、水化发热量	冬、夏季施工，气温最高、最低时，每工班至少测1~2次	冬、夏季施工，气温最高、最低时，每工班至少测1次	JTG E30 T0527
改进VC值	每工班测3次，有变化随时测	每工班测3次，有变化随时测	JTG E30 T0524
离析	随时观察	随时观察	—
压实度、松铺系数	每工班测3次，有变化随时测	每工班测3次，有变化随时测	JTG E30 T0525

2 拌合物出料温度宜控制在10℃~35℃之间。

3 拌合物应均匀一致。生料、干料、严重离析的拌合物，或有外加剂团块、粉煤灰团块的拌合物不得用于路面摊铺。

4 一座拌和楼（机）每盘之间，各拌和楼（机）之间，拌合物的坍落度偏差应小于10mm。

6.3.13 纤维混凝土的搅拌，除应符合水泥混凝土的规定外，尚应符合下列规定：

1 搅拌纤维混凝土时，拌和楼（机）一次搅拌量不宜大于额定容量的90%。拌和掺量较多的纤维混凝土时，不宜大于80%。

2 纤维混凝土搅拌宜采用纤维分散机在搅拌过程中分散加入纤维。可采用先将钢纤维或其他纤维、水泥、粗细集料干拌，基本均匀后再加水湿拌的方法改善纤维的均匀性。出机拌合物中不得有纤维结团现象。

3 纤维混凝土的纯搅拌时间应比水泥混凝土规定的纯搅拌时间延长 20～30s。

4 应保证纤维在混凝土中的分散性及均匀性。按附录 D 水洗法检测的纤维体积率偏差不应大于设计掺量的 ±15%。

6.3.14 除拌和楼（机）应配备砂（石）含水率自动反馈控制系统外，每台班应至少监测 3 次粗细集料含水率。并根据集料含水率变化，快速反馈并严格控制加水量和粗、细集料用量。

6.3.15 碾压混凝土的最短纯搅拌时间应比水泥混凝土延长 15～20s。雨天不得拌和碾压混凝土。

6.3.16 在拌和楼（机）的搅拌锅内清理黏结混凝土时，无电视监控的拌和楼（机）应有两人以上方可进行，一人清理，一人值守操作台。有电视监控的拌和楼（机），应打开电视监控系统，关闭主电机电源，并在主开关上挂警示红牌。

6.3.17 拌和楼（机）的水泥、粉煤灰或矿渣粉罐仓除应防止拌和期间洒漏外，在水泥罐车输送水泥时，罐仓顶部应设置过滤布。不得使大量水泥粉或粉煤灰、矿渣粉从仓顶飞散入大气中。

6.3.18 当摊铺机械出现故障时，应及时通知拌和楼（机）停止搅拌，防止运输到机前的混凝土因超过初凝时间不能铺筑而废弃。

6.4 混凝土运输

6.4.1 混凝土的运输应保证到现场的拌合物具有适宜摊铺的工作性。

6.4.2 不掺加缓凝剂的混凝土拌合物从搅拌机出料到运抵现场的允许最长时间应符合表 6.4.2 的规定。不满足时，可采用通过试验调整缓凝剂的剂量等措施，保证到达现场的拌合物工作性满足要求。

表 6.4.2 混凝土拌合物出料到运抵现场允许最长时间

施工气温（℃）	滑模摊铺（h）	三辊轴机组摊铺、小型机具摊铺（h）	碾压铺筑（h）
5～9	1.5	1.20	1.0
10～19	1.25	1.0	0.8
20～29	1.0	0.75	0.6
30～35	0.75	0.40	0.4

6.4.3 运送混凝土的车辆装料前，应清洁车厢或车罐，洒水润壁，排干积水。

6.4.4 混凝土运输过程中应防止漏浆、漏料和污染，防止拌合物离析。

6.4.5 车辆行驶和卸料过程中，当碰撞了模板或基准线时，应重新测量纠偏。

7 滑模摊铺机施工

7.1 一般规定

7.1.1 滑模摊铺工艺宜用于高速、一级、二级公路普通水泥混凝土面层、配筋混凝土面层、纤维混凝土面层、钢筋混凝土桥面、隧道混凝土面层、混凝土路缘石、路肩石及护栏等的滑模施工。

7.1.2 采用滑模摊铺机在基层上行走的铺筑方案时，基层侧边缘到滑模摊铺面层边缘的宽度不宜小于 650mm。

7.1.3 传力杆和胀缝拉杆钢筋宜采用前置支架法施工，也可采用滑模摊铺机配备的自动插入装置（DBI）施工。

7.1.4 应加强混凝土运输组织，保证供料速度与摊铺速度相适应，避免发生料多废弃或等料停机现象。

7.1.5 滑模铺筑施工应编制安全生产作业指导书。

7.1.6 上坡纵坡大于 5%、下坡纵坡大于 6%、半径小于 50m 或超高超过 7% 的路段，不宜采用滑模摊铺机进行摊铺。

7.2 设备选择

7.2.1 滑模摊铺机的选择应根据路面结构形式、路面板块划分等因素，并参考滑模摊铺机的性能确定。选用的滑模摊铺机的技术指标宜符合表 7.2.1 规定的基本技术参数要求。

7.2.2 高速公路、一级公路宜选配能一次摊铺不少于 2 个车道宽度的滑模摊铺机。二级公路路面的最小摊铺宽度不得小于单个车道设计宽度。硬路肩宜选配可连体摊铺路缘石的中、小型多功能滑模摊铺机。

表 7.2.1　滑模摊铺机的基本技术参数表

项　目	发动机最小功率（kW）≥	摊铺宽度范围（m）	摊铺最大厚度（mm）≤	摊铺速度范围（m/min）	最大空驶速度（m/min）≤	最大行走速度（m/min）≤	履带个数（个）
三车道滑模摊铺机	200	12.5～16.0	500	0.75～3.0	5.0	15	4
双车道滑模摊铺机	150	3.6～9.7	500	0.75～3.0	5.0	18	2～4
多功能单车道滑模摊铺机	70	2.5～6.0	400 护栏最大高度≤1 900	0.75～3.0	9.0	15	2～4
小型路缘石滑模摊铺机	60	0.50～2.5	450	0.75～2.0	9.0	10	2～3

7.2.3　滑模摊铺水泥混凝土路面时，摊铺机应配备自动抹平板装置。

7.2.4　滑模摊铺机械系统应配套齐全，辅助设备的数量及生产能力应满足铺筑进度的要求。可按下列要求进行配备：

1　滑模铺筑无传力杆水泥混凝土路面时，布料可使用轻型挖掘机或推土机。

2　滑模铺筑连续配筋混凝土路面、钢筋混凝土路面、桥面和桥头搭板，路面中设传力杆钢筋支架、胀缝钢筋支架时，布料应采用侧向上料的布料机或供料机。

3　应采用刻槽机制作宏观抗滑构造。

4　面层切缝可使用软锯缝机、支架式硬锯缝机或普通锯缝机。

7.3　摊铺前准备

7.3.1　摊铺段夹层或封层质量应检验合格，对于破损或缺失部位，应及时修复。表面应清扫干净并洒水润湿，并采取防止施工设备和车辆碾坏封层的措施。

7.3.2　应检查并平整滑模摊铺机的履带行走区。行走区应坚实，不得存在湿陷等病害，并应清除砖、瓦、石块、废弃混凝土块等杂物。履带行走部位基层存在斜坡时，应提前整平。

条文说明

不允许滑模摊铺机的履带行走部位存在湿陷或存留块状硬质杂物，是为了防止摊铺过程陷机或块体压碎而瞬间跳机。陷机将导致滑模摊铺机无法行进摊铺；砖、瓦、石块等被履带压碎后将导致滑模摊铺机瞬间跳机，导致路表面出现棱槽。

7.3.3 摊铺前应检查并调试施工设备。滑模摊铺机首次作业前，应挂线对其铺筑位置、几何参数和机架水平度进行设置、调整和校准，满足要求后方可用于摊铺作业。

7.3.4 横向连接摊铺前，前次摊铺路面纵向施工缝处溜肩胀宽部位应切割顺直；拉杆应校正扳直，缺少的拉杆应钻孔锚固植入。

7.3.5 横向连接摊铺时，纵向施工缝的上半部缝壁应按设计涂覆隔离防水材料。

7.3.6 滑模摊铺面层前，应准确架设基准线。基准线架设与保护应符合下列规定：

1 滑模摊铺高速公路、一级公路时，应采用单向坡双线基准线；横向连接摊铺时，连接一侧可依托已铺成的路面，另一侧设置单线基准线。

2 滑模整体铺筑二级公路的双向坡路面时，应设置双线基准线，滑模摊铺机底板应设置为路拱形状。

3 基准线桩纵向间距直线段不宜大于10m，桥面铺装、隧道路面及竖曲线和平曲线路段宜为5～10m，大纵坡与急弯道可加密布置。基准线桩最小距离不宜小于2.5m。

4 基层顶面到夹线臂的高度宜为450～750mm。基准线桩夹线臂夹口到桩的水平距离宜为300mm。基准线桩应固定牢固。

5 单根基准线的最大长度不宜大于450m。架设长度不宜大于300m。

6 基准线宜使用钢绞线。采用直径2.0mm的钢绞线时，张线拉力不宜小于1 000N；采用直径3.0mm钢绞线时，不宜小于2 000N。

7 基准线设置精度应符合表7.3.6的规定。

表7.3.6 基准线设置精度要求

项目	中线平面偏位（mm）≤	路面宽度偏差（mm）≤	面层厚度偏差（mm）≥		纵断高程偏差（mm）	横坡偏差（%）	连接纵缝高差（mm）
			平均值	极值			
规定值	10	+15	-3	-8	±5	±0.10	±1.5

8 基准线设置后，应避免扰动、碰撞和振动。多风季节施工，宜缩小基准线桩间距。

7.3.7 架设完成的基准线，不得存在眼睛可见的拐点及下垂，并应逐段校验其顺直度及张紧度。

7.3.8 应按下列规定对板厚进行校验：

1 采用垂直于两侧基准线横向拉线，用直尺或加垂头的方法，对预备摊铺路段的板厚进行复核测量。

2 单车道铺筑时，一个横断面横向应测不少于3个点；双车道及全幅摊铺时，应测不少于5个点。纵向每200m应测不少于10个断面。

3 横断面板厚测量值的算数平均值不应薄于设计板厚，极小值不应薄于质量控制极值。

4 纵向以200m为单元，全部板厚总平均值不应薄于设计板厚。

7.3.9 顺直度、张紧度或板厚不满足要求时，应重新测量架设基准线。

7.3.10 当面层传力杆、胀缝钢筋采用前置支架法施工时，应在表面先准确安装和固定支架，保证传力杆中部对中缩缝切割位置，且不会因布料、摊铺而导致推移。支架可采用与锚固入基层的钢筋焊接等方法固定。

7.3.11 边缘补强钢筋的安装应符合下列规定：

1 应按设计图纸加工焊接边缘补强钢筋支架。

2 边缘补强中部底筋与封层表面距离宜为30～50mm；两端弯起筋与面层表面的距离不应小于50mm；外侧钢筋到板边距离宜为100～150mm。

3 可采用在封层或夹层上钻孔，钉入架立锚固钢筋，再将边缘补强钢筋支架与架立锚固钢筋焊接的方式固定边缘补强钢筋。

4 边缘补强钢筋两端弯起处应各有不少于2根锚固钢筋与支架相焊接，其他部位每延米不宜少于1根锚固钢筋。

7.3.12 角隅钢筋安装应符合下列规定：

1 钢筋混凝土搭板与桥面钝角角隅补强钢筋宜加工成网片状。

2 发针状角隅补强钢筋片宜采用焊接制成。

3 发针状角隅补强钢筋安装位置应根据设计图纸确定，且距两锐角边距离不宜小于50mm。

4 钢筋片与基层锚固点不宜少于5个。

7.4 水泥混凝土面层滑模摊铺机铺筑

7.4.1 滑模摊铺机的施工参数设定及校准应符合下列规定：

1 振捣棒应均匀排列，间距宜为300～450mm；混凝土摊铺厚度较大时，应采用较小间距。两侧最边缘振捣棒与摊铺边缘距离不宜大于200mm。振捣棒下缘位置应位于挤压底板最低点以上。

2 挤压底板前倾角宜设置为3°。提浆夯板位置宜在挤压底板前缘以下5~10mm。

3 边缘超铺高度应根据拌合物稠度确定，宜为3~8mm；板厚较厚、坍落度较小时，边缘超铺高度宜采用较小值。

4 搓平梁前沿宜调整到与挤压底板后沿高程相同的位置；搓平梁的后沿应比挤压底板后沿低1~2mm，并与路面高程相同。

5 符合铺筑精度要求的摊铺机设置应加以固定和保护。当基底高程等摊铺条件发生变化，铺筑精度超出范围时，可由操作手在行进中通过缓慢微调加以调整。

条文说明

1 滑模摊铺机振捣棒插入路面内部振捣，将导致表面形成砂浆条带，引起路面局部抗磨强度降低甚至导致早期塑性开裂。

2 挤压底板前倾角设置过大，会导致滑模摊铺机推进阻力增大，甚至将整机抬升起来，致使履带不着地，无法行进摊铺。

7.4.2 滑模摊铺混凝土机前布料，应采用机械完成，布料高度应均匀一致，不得采用翻斗车直接卸料的方式。布料尚应符合下列规定：

1 卸料、布料速度应与摊铺速度协调一致，不得局部或全断面缺料。发生缺料时应立即停止摊铺。

2 采用布料机布料时，布料机与滑模摊铺机之间施工距离宜为5~10m；现场蒸发率较大时，宜采用较小值。

3 当坍落度在10~30mm时，布料松铺系数宜在1.08~1.15之间。

4 应保证滑模摊铺机前的料位高度位于螺旋布料器叶片最高点以下，最高料位高度不得高于松方控制板上缘。使用布料犁布料时，应按松方高度严格控制料位高度。

5 当面层传力杆、胀缝与隔离缝钢筋采用前置支架法施工时，不得在支架顶面直接卸料。传力杆以下的混凝土宜在摊铺前采用手持振捣棒振实。

7.4.3 滑模摊铺机起步时，应先开启振捣棒，在2~3min内调整振捣到适宜振捣频率，使进入挤压底板前缘拌合物振捣密实，无大气泡冒出破灭，方可开动滑模机平稳推进摊铺。当天摊铺施工结束，摊铺机脱离拌合物后，应立即关闭振捣棒组。

7.4.4 摊铺过程中应随时调整松方高度板位置控制摊铺机进料，保证进料充足。起步时宜适当调高，正常摊铺时宜保持振捣仓内料位高于振捣棒顶面100mm左右，料位高低波动宜控制在±30mm之内。

条文说明

随时调整松方高度控制板的目的是，使挤压底板的料与振动仓内混凝土之间，始终维持相互间压力的均衡，防止挤压力忽大忽小而影响平整度。

7.4.5 滑模摊铺应缓慢、匀速、连续不间断地作业。滑模摊铺速度应根据板厚、混凝土工作性、布料能力、振捣排气效果等确定，可在 0.75 ~ 2.5m/min 之间选择，宜采用 1m/min。

7.4.6 滑模摊铺水泥混凝土面层时，严禁快速推进、随意停机与间歇摊铺。

7.4.7 滑模摊铺振捣频率应根据板厚、摊铺速度和混凝土工作性确定，以保证拌合物不发生过振、欠振或漏振。振捣频率可在 100 ~ 183Hz 之间调整，宜为 150Hz。

7.4.8 可根据拌合物的稠度大小，采取调整摊铺的振捣频率或速度等措施，保证摊铺质量稳定。当拌合物稠度发生变化时，宜先采取调振捣频率的措施，后采取改变摊铺速度的措施。

7.4.9 配备振动搓平梁时，摊铺过程中搓平梁前方砂浆卷直径宜控制在 100mm ± 30mm，应避免砂浆卷中断、散开或摊展。

7.4.10 应通过控制抹平板压力的方法，使其底部不小于 85% 长度接触新铺混凝土表面。

7.4.11 在开始摊铺 5 ~ 10m 内，应在铺筑行进中对摊铺出的路面高程、边缘厚度、中线、横坡度等参数进行复核测量，必要时可缓慢微调摊铺参数，保证路面摊铺质量满足表 7.3.6 规定的要求。

7.4.12 滑模摊铺推进应匀速，平稳，滑出挤压底板或搓平梁的拌合物表面应平整、无缺陷，两侧边角应为 90°，光滑规则，无塌边溜肩，表层砂浆厚度不宜大于 3mm。除露石混凝土路面外，滑模摊铺水泥混凝土面层表面不应裸露粗集料。

7.4.13 滑模摊铺采用传力杆插入装置（DBI）设置传力杆与拉杆时，应符合下列规定：

1 应安排专人负责对中横向缩缝位置，应一次振动插入整排全部传力杆。

2 插入传力杆时，应缓慢插入，防止快速插入导致阻力过大使滑模摊铺机整体抬升。

3 拉杆插入装置应根据一次摊铺的车道数和设计选用。与未摊铺水泥混凝土面层连接的拉杆应采用侧向拉杆插入装置插入；两个以上车道摊铺，在摊铺范围内的拉杆应采用拉杆压入装置压入。

4 中央拉杆可自动定位插入或手工操作在规定位置插入，应一次插入到位。

5 边缘拉杆应一次插入到位，不得在脱模后多次插入或手工反复打进。插入就位的拉杆应妥善保护，避免拉杆与混凝土黏结丧失。

7.4.14 摊铺上坡路段时，挤压底板前仰角宜适当调小，并适当调小抹平板压力；摊铺下坡路段时，前仰角宜适当调大，并适当调大抹平板压力。

条文说明

纵坡路段摊铺时，调整挤压底板前仰角是为了防止摊铺机过载，伤害履带。由于滑模摊铺机前后距离较长，上坡会引起抹平板压力加大，甚至会抹不动；下坡时，抹平板压力会减小甚至悬空，而抹不上表面。所以要根据纵坡变化，调整抹平板的适宜抹平接触面积。

7.4.15 摊铺小半径水平弯道时，弯道外侧的抹平板到摊铺边缘的距离应向内调整，两侧的加长侧模应采用可水平转动的铰连接，不得固接。

条文说明

摊铺小半径水平弯道时，弯道外侧的抹平板距离向内调整，目的是避免压垮外侧边缘，防止抹平板从路面上掉下来。加长侧模要求采用可水平转动的铰连接的目的是在摊铺急弯道路面时，避免内侧模板别坏边缘，并防止外侧模板悬空，不起作用。

7.4.16 抗滑纹理做毕，应立即开始保湿养生。养生龄期不应少于5d，且混凝土强度满足要求后，方可连接摊铺相邻车道面板。履带在新铺面层上行走时，钢履带底部应铺橡胶垫或使用有橡胶垫履带的摊铺机。纵缝横向连接高差不应大于2mm。

7.4.17 摊铺中应经常检查振捣棒的工作情况和位置。面层出现条带状麻面现象时，应停机检查振捣棒是否损坏；振捣棒损坏时，应更换振捣棒。摊铺面层上出现发亮的砂浆条带时，应检查振捣棒位置是否异常；振捣棒位置异常时，应将振捣棒调整到正常位置。

7.4.18 当摊铺宽度大于7.5m时，应加强左右两侧拌合物工作性检查。发现不一致时，摊铺速度应按偏干一侧进行微调，并采取将偏稀一侧的振捣棒频率调小等措施，避免局部过振。当拌合物严重离析或离散时，应停止摊铺，废弃已拌和混合料，查找并解决问题后，再重新开始摊铺。

7.4.19 在不影响路面总体耐久性的前提下，可采取调整拌合物稠度、挤压底板前仰角、起步及摊铺速度等措施，减少水泥混凝土面层横向拉裂现象。

7.4.20 当滑模摊铺机停机等料时间预计会超过运至现场混凝土的初凝时间时，应将滑模摊铺机迅速开出摊铺工作面，制作横向施工缝。

7.4.21 滑模摊铺时，应保证自动抹平板装置正常工作。局部麻面或少量缺料部位，可在搓平梁前补充适量拌合物，利用搓平梁与抹平板修平表面。

7.4.22 滑模摊铺的水泥混凝土面层纵缝边缘出现局部倒边、塌边、溜肩现象，或表面局部存在小缺陷时，可用人工进行局部修整。修整作业应符合下列规定：

1 局部修整后应精确整平，整平用抄平器长度不应短于 2m。

2 面层边缘应采用设置侧模或在上部支方形金属管，控制修整时的变形。

3 纵、横向施工接头处存在明显高差时，可整平后采用手持振捣棒振捣密实和水准仪测量，整平用的抄平器长度应不短于 3m。

4 表面修补作业需要补料时，可使用从摊铺拌合物中筛出的细料进行，不得洒水、撒水泥粉。

5 不得采用薄层贴补的办法进行表面修补。

7.4.23 摊铺机开出后，应丢弃摊铺机振动仓内遗留下的纯砂浆，及时清洗、清除滑模摊铺机中的混凝土残留物。

7.4.24 横向施工缝可采用架设端模板的方法施做，并宜与胀缝或隔离缝合并设置，无法与胀缝合并设置时，应与缩缝合并设置。横向施工缝部位应满足面层平整度、高程、横坡的质量要求。

7.4.25 施工缝端部两侧可采取架设侧模的方法，使侧边向内收进 20 ~ 40mm，方便后续连续摊铺。侧边向内收进长度宜比滑模摊铺机侧模板略长。

条文说明

施工结束时，采用两侧支撑模板向内收进一个摊铺机位的方法，可使第二天开工时，滑模摊铺机前沿能够后退到接头部位摊铺，减少人工加工接头的工作量。

7.4.26 滑模摊铺机配备传力杆自动插入装置（DBI）时，应通过试验路段采用非破损方法对传力杆插入深度进行校准，施工中应进行传力杆精度复核。检测可使用钢筋保护层厚度测试仪或专用传力杆位置检测仪进行。

7.5 钢筋混凝土、连续配筋混凝土面层滑模摊铺机铺筑

7.5.1 铺筑前，应按设计图纸准确放样，标示出路面钢筋、路面板块、地锚梁和接缝等位置。

7.5.2 钢筋的加工应符合下列规定：

1 钢筋焊接和绑扎应符合国家相关标准中的规定。

2 钢筋混凝土面层宜采用集中预制的钢筋网，长度、宽度应符合设计的要求，其质量应符合国家相关标准的规定。

3 现场宜采用焊接方法制作钢筋网，其钢筋直径、间距应符合设计图纸的要求。

4 钢筋下料时，应严格控制钢筋尺寸，保证钢筋网的整体尺寸符合要求。

7.5.3 钢筋宜采用预先架设方式安装，并应符合下列规定：

1 钢筋的安装高度应符合设计要求及现行《公路水泥混凝土路面设计规范》（JTG D40）的规定。

2 设置双层钢筋时，应严格控制钢筋保护层厚度。

3 钢筋混凝土面层缩缝传力杆与拉杆可借助钢筋网安装。应严格控制传力杆位置，其端部不得顶推钢筋。

4 钢筋网应采用钢筋支架架设，不得使用垫块架设。支架钢筋应保证钢筋在布料、摊铺时不会因拌合物堆压而产生下陷、移位，数量宜为4～6个/m^2。

5 钢筋网宜采用焊接方式与支架钢筋连接。

6 两端采用地锚梁的单、双层连续配筋混凝土面层，安装预制钢筋支架时，应采用钻孔锚固的方式与基层固定，支架钢筋锚入基层内的深度不宜小于70mm。

7.5.4 钢筋及钢筋骨架的质量控制应符合下列规定：

1 面层钢筋及钢筋骨架焊接或绑扎的允许偏差应符合表7.5.4-1的规定。

表7.5.4-1 面层钢筋及钢筋骨架焊接或绑扎的允许偏差（mm）

项目		焊接钢筋及骨架允许偏差	绑扎钢筋及骨架允许偏差
钢筋的长度与宽度		±10	±10
钢筋眼尺寸		±10	±20
钢筋骨架宽度及高度		±5	±5
钢筋骨架的长度		±10	±10
箍筋间距		±10	±20
受力钢筋	间距	±10	±10
	排距	±5	±5

2　钢筋焊接搭接长度，双面焊不应小于5d（d为钢筋直径），单面焊不应小于10d。钢筋绑扎搭接长度不应小于35d。

3　同一垂直断面上焊接或绑扎钢筋的数量不宜超过断面钢筋总数的25%，相邻钢筋焊接或绑扎接头应分别错开500mm或1 000mm。纵向连续钢筋宜每隔30m设置一处绑扎接头。

4　路面、桥面钢筋及钢筋骨架安装位置允许偏差应符合表7.5.4-2的规定。

表7.5.4-2　路面、桥面钢筋及钢筋骨架安装位置允许偏差（mm）

项　　目		允许偏差
受力钢筋排距		±5
钢筋弯起点位置		20
箍筋、横向钢筋间距	绑扎钢筋及钢筋骨架	±20
	焊接钢筋及钢筋骨架	±10
钢筋预埋位置	中心线位置	±5
	水平高差	±3
钢筋保护层	距表面	±3
	距底面	±5

7.5.5　摊铺前应检验安装好的钢筋和钢筋骨架，确认钢筋加工合格，安设位置符合要求，架设牢固，无贴地、隆起、变形、移位、松脱和开焊等现象后，方可开始滑模摊铺施工。

7.5.6　钢筋混凝土、连续配筋混凝土面层应采用布料机或上料机进行供料与布料，并保证安装完毕的钢筋不被混凝土或布料机压垮、变形或贴底。严禁任何机械在已安置好的钢筋上行走、碾压。

7.5.7　单层配筋的钢筋混凝土面层可采用两次布料的方式，在两次布料间隙安置钢筋网。连续配筋混凝土面层应采用钢筋支架预设安装，整体一次机械布料。

7.5.8　拌合物应卸在布料机的料斗或上料机的料箱内，再由机械从侧边运送到位。钢筋上的拌合物堆应尽快布匀。

7.5.9　混凝土坍落度相同时，钢筋混凝土的松铺厚度宜比水泥混凝土面层大10mm，滑模摊铺机行走速度宜适当降低，并宜采取用人工振捣的方法，在摊铺前振实钢筋网以下的混凝土。

7.5.10　滑模摊铺钢筋混凝土、连续配筋混凝土面层时，振捣棒的横向间距宜为

250～350mm，板厚大、料偏干，用较小值；反之，用较大值。振捣棒频率不宜低于167Hz。应准确控制振捣棒位置，避免振捣棒碰撞或扰动钢筋。

7.5.11 钢筋混凝土或连续配筋混凝土的施工缝宜设置在横缝位置或连续钢筋端部处，不应在钢筋网内或连续铺筑的整条钢筋内中断摊铺。

7.5.12 在摊铺钢筋混凝土面层时，应在缩缝位置处做出明显标记，保证纵、横缩缝切缝位置的准确性。

7.5.13 连续配筋混凝土面层宜整体摊铺，按车道宽度切纵缝。不具备横向整幅摊铺条件时，宜进行设计变更，按等强互换原则设置纵缝拉杆。

7.5.14 连续配筋混凝土路面地锚梁的施工除应符合现行《公路桥涵施工技术规范》（JTG/T F50）的规定外，尚应符合下列规定：

1 应按设计位置、尺寸和数量开挖地锚梁槽，并避免超挖。超挖量较多时，应在混凝土浇筑前对超挖部位进行修补。

2 地锚梁中伸出的钢筋应与面层钢筋相焊接，地锚梁混凝土应采用振捣棒分层振实，并与面层浇筑成整体。

3 地锚梁与面层混凝土合拢温度宜为20℃～25℃，或在年平均气温时合拢。

7.5.15 连续配筋混凝土路面宽翼缘工字钢梁的施工除应符合现行《公路桥涵施工技术规范》（JTG/T F50）的规定外，尚应符合下列规定：

1 应按设计图纸枕垫板尺寸在基层上挖槽，安装钢筋骨架，浇筑钢筋混凝土枕垫。

2 安装并焊接宽翼缘工字钢后，方可摊铺两侧的混凝土面层。

3 面板端部与工字钢槽内连接部位应以胀缝填缝料填塞。

7.5.16 连续配筋混凝土路面伸缩缝的施工可使用软做、硬切、预留间隙等方法。

7.5.17 采用软做法施工伸缩缝时，应在伸缩缝位置安装工作缝端模，端模应在每根纵向钢筋位置处钻孔，并将钢筋伸出端模。端模附近混凝土应采用振捣棒振捣密实，并抹平到平整度满足要求。拆端模时应避免造成边角损坏。

7.5.18 采用硬切法时，可先摊铺通过伸缩缝位置，待第二天摊铺前，切割并凿除伸缩缝位置的硬化混凝土，切割混凝土不得啃边和造成边角损坏，钢筋下部混凝土应凿除到底，切割顺直度与垂直偏斜均不应超过10mm。

7.5.19 采用预留间隙法时，间隙两侧应架设两个工作缝端模，间隙宽度应满足设计型号伸缩缝安装预留宽度的要求，并宜在当地年平均气温时浇筑混凝土合拢。

7.6 纤维混凝土面层滑模摊铺机铺筑

7.6.1 采用滑模摊铺机铺筑纤维混凝土面层，纤维混凝土拌合物从出料至运到现场的允许最长时间应比表6.4.2的规定适当缩短。当纤维混凝土拌合物凝结时间不能满足施工作业时间要求时，可采取在配合比中掺加缓凝剂或调整现有配合比中缓凝剂掺量等措施延长凝结时间。

7.6.2 纤维混凝土面层布料与摊铺除应满足滑模摊铺水泥混凝土面层要求外，尚应符合下列规定：

1 所采用的机械布料与摊铺方式，应能保证面层内纤维分布的均匀性、连续性。

2 布料松铺高度应通过试铺确定。拌合物坍落度相同时，宜比相同机械施工方式的水泥混凝土面层松铺高度高10mm。

3 在浇筑和摊铺过程中应严格控制混凝土的配合比，不得因拌合物工作性不足调整混凝土用水量。可采用表面喷雾措施减少表层蒸发的影响。

4 新摊铺混凝土中发现纤维结团应立即剔除。

5 在一块面板内的浇筑和摊铺不得中断。

条文说明

4 拌合物中纤维不得结团，发现有结团现象时，可采取调整纤维长度与外形、在拌和楼（机）的输料皮带上设置纤维撒布机均匀撒布纤维等有效措施加以消除。

7.6.3 纤维混凝土面层的振捣与整平应符合下列规定：

1 滑模摊铺机铺筑纤维混凝土面层时，振捣频率不宜低于167Hz。

2 每根振捣棒底缘应严格控制在面层表面位置以上，不得插入路面纤维混凝土内振捣。

3 整平后的面层表面不得裸露直立、上翘的钢纤维。

4 铺筑纤维混凝土面层时，应开启滑模摊铺机提浆夯实杆或搓平梁，以便将拌合物中纤维压入或揉搓进表面砂浆层之内。

条文说明

3 要求钢纤维混凝土面层整平后的面层表面钢纤维不直立、不翘头，是为确保钢纤维混凝土面层运营安全性，避免路面磨损后裸露的钢纤维扎轮胎。

7.6.4 纤维混凝土面层宏观抗滑构造应使用刻槽方式，微观抗滑纹理可使用拖麻袋等软拉方式制作。软拉制作微观抗滑纹理时不得拖出纤维或留下纤维拖行的棱槽。

7.7 桥面混凝土滑模摊铺机铺装

7.7.1 桥面混凝土采用滑模摊铺机摊铺时，应根据桥面铺装结构和对材料的要求，合理选择摊铺设备。宜采用与相邻路面水泥混凝土相同的滑模摊铺机，连续摊铺。必要时，应对滑模摊铺机在桥梁上铺筑时的结构安全性进行验算。

7.7.2 铺筑前，应按设计要求完成桥面铺装钢筋的安装。钢筋宜采用焊接连接，不宜采用绑扎连接。不得因摊铺宽度不足或设置施工缝而切断纵、横向钢筋。

7.7.3 桥面铺装层中的钢筋应按设计与预留钢筋连接。用于支撑桥面铺装钢筋网的架立钢筋数量宜为 4 ~8 根/m^2，在梁端或支座部位剪应力较大处宜取大值。

7.7.4 滑模摊铺机履带上、下桥的台背阶梯部位应提前铺设混凝土坡道，长度不宜短于钢筋混凝土搭板。混凝土坡道应振捣密实，强度应满足摊铺机行走的需要。

7.7.5 路面、过渡板、搭板与桥面滑模摊铺机连续摊铺时，基准线设置应符合下列规定：

1 设置在路面、过渡板、搭板与桥面两侧的基准线应连续顺直，设置精度应满足表 7.3.6 的规定。

2 桥面铺装时的基准线桩可与桥梁上的锚固钢筋临时焊接固定，外侧有护栏时，可依托护栏架设基准线。基准线桩间距，直桥不应大于 10m，弯桥可缩短为 5m。

3 利用基准线复核校验桥面铺装层厚度时，应符合本细则第 7.3.8 条的规定。

7.7.6 待铺装的裸梁或防水找平层的表面应进行凿毛或进行表面缓凝露石粗糙处理。凿毛后表面采用铺砂法测定的平均构造深度不宜小于 1.0mm；表面缓凝露石粗糙处理露石面积不宜小于 70%。粗糙处理后的表面应清洗干净，洒水湿润，不得积水。

7.7.7 钢质履带的滑模摊铺机直接在梁顶或护栏底座表面行走时，应采用胶垫进行防护。

7.7.8 桥梁护栏应在桥面滑模铺装前安装完毕。

7.7.9 滑模摊铺机侧模底部的纵向施工缝位置应架设半模板，半模板上部应按横向钢筋直径和数量预留开口。铺装剩余桥面前，应拆除半模板，并不得损伤路面边角。

7.7.10 滑模摊铺机铺装桥面时，混凝土布料除应符合本细则第7.5.6～7.5.9条的规定外，尚应符合下列规定：

1 运料车应在铺装区域以外行进，并应由专人指挥卸料。

2 拌合物可利用挖掘机或输送机跨越护栏布料。

7.7.11 滑模摊铺机连续铺装桥面与路面时，除应符合本细则第7.4、7.5节相关规定外，尚应符合下列规定：

1 滑模摊铺机在连续摊铺过渡板、搭板、桥面和伸缩缝时，振捣频率应加大到167Hz以上，摊铺速度宜控制在0.75～1.0m/min范围内。

2 滑模摊铺机上、下桥面，应及时调整侧模高度，避免边缘漏料。

3 桥面铺装层的铺装厚度应采用平均厚度与极限最薄厚度双控措施，厚度平均值偏差应控制在+20mm、-5mm之内，局部极限最薄厚度偏差应控制在-20mm以内。

4 滑模摊铺钢筋混凝土搭板厚度超过300mm时，应先浇筑并用手持振捣棒振实底部，再使用滑模摊铺机摊铺上部。

7.7.12 桥面各种接缝施工应符合下列规定：

1 桥面与搭板相接时，在台背顶面应按设计要求设置胀缝、伸缩缝。

2 铺装前，应安装稳固台背隔离缝与胀缝中接缝板，板高宜低于桥面高程20mm。

3 桥面铺装后，应剔除接缝板上部未硬化混凝土，并安装齐平接缝板上的木条，修整平表面并捣实接缝板两侧的混凝土。

4 桥梁伸缩缝位置底部应设隔离层，并应在桥面铺装硬化后，切出伸缩缝安装间隙，并剔除其中混凝土。

5 桥面支座处负弯矩部位应切缝，并按设计要求对其进行加筋补强。每跨内横缝间距宜一致，最大长度不宜大于6m，最短长度不宜小于板宽。桥面宜按车道宽度切纵缝。

6 横向连接铺装桥面，施工纵缝应采用双重防水措施，先粘防水密封条或涂沥青，再填充填缝料。

7.7.13 钢筋纤维混凝土桥面滑模铺装时，混凝土坍落度应较一般路段增大20～30mm。振捣不密实时，不得强行摊铺或现场洒水再摊铺。

7.7.14 铺装钢筋纤维混凝土桥面时，挤压底板前方宜配备压入纤维的夯实杆或搓平梁，滑模摊铺机振捣频率宜不低于183Hz，铺筑速度宜控制在0.75～1.0m/min，应缓慢匀速、不间断地推进。

7.7.15 分幅桥梁桥面滑模铺装时，可采取将滑模摊铺机一侧履带延伸至另一幅桥面上行走铺装的方法，减少桥面纵缝。

7.8 隧道水泥混凝土面层滑模摊铺机铺筑

7.8.1 隧道水泥混凝土面层铺筑时应配备照明设施。灯具的设置应避免形成照明死角，并应避免妨碍面层摊铺。

7.8.2 混凝土运输车宜在隧道外掉头，后退到摊铺位置卸料。长大隧道可在停车区掉头。

7.8.3 隧道内基准线应设置在不阻碍滑模摊铺行进的位置。后幅连接摊铺时，宜将基准线桩固定在前幅路面横缝内。基准线设置精度应符合表7.3.6的规定。

7.8.4 隧道内施工应考虑空间限制条件，选择较小型的布料设备与适宜布料方式。

7.8.5 隧道水泥混凝土面层宜采用全宽滑模摊铺机一次摊铺，路面宽度较大时，应采用宽幅滑模摊铺机摊铺，减少纵向接缝。

7.8.6 隧道内连续配筋或钢筋混凝土面层宜分幅摊铺，利用未摊铺部分进行拌合物运输及供料。

7.8.7 隧道水泥混凝土面层滑模摊铺时，滑模摊铺机的一侧或双侧履带可行走在边沟盖板上。边沟墙及盖板应进行强度验算，必要时可加厚并配筋，保证结构安全。

7.8.8 滑模摊铺方式应根据隧道内两侧边沟条件选择，并按下列要求对滑模摊铺机进行调整：

1 滑模摊铺机全宽铺筑，隧道路面表面与侧沟顶面处于同一高程时，应拆除两侧边模板或将其提升到顶，利用边沟侧墙控制混凝土铺筑范围。

2 滑模摊铺机全宽铺筑，当隧道侧沟顶面高于路面表面时，应调整滑模摊铺机挤压底板与其他工作部件悬挂位置以满足摊铺需要，并应拆除两侧边模板。

3 滑模摊铺机分两幅摊铺时，履带行走在基层上的一侧应保留边模板，履带行走在边沟盖板上一侧应拆除边模板，调整机架为水平状态。

7.8.9 隧道内水泥混凝土面层滑模摊铺施工应根据面层结构与材料类型，按本细则相应章节的规定进行。

7.9 收费广场、服务区水泥混凝土路面滑模摊铺机施工

7.9.1 收费广场、服务区水泥混凝土路面采用滑模摊铺工艺施工时，应根据工程特点和规模，合理选择施工设备。工程规模较小且类型较多时，宜采用能够适应多种结构的施工设备。

7.9.2 收费广场除应符合前述混凝土面层滑模摊铺规定外，尚应符合下列规定：

1 收费广场路面宜根据路面板块划分情况分条，隔条施工。铺筑隔条时，应拆除或将两边侧模升到顶。铺筑后至滑模摊铺机行驶的最短时间间隔不宜少于7d。

2 收费广场路面与主线路面等宽部分宜使用滑模摊铺机连续铺筑。收费墩内变宽与加宽边部可使用三辊轴机组铺筑。

7.9.3 收费广场变宽段采用滑模定宽方式摊铺时，宜采用滑模摊铺机摊铺行车道与超车道，加宽段与硬路肩可使用小型滑模摊铺机或三辊轴机组摊铺。

7.9.4 收费广场面层纵缝、横缝、胀缝所用的接缝材料应符合耐油性与耐火性的要求。

7.9.5 服务区及其连接线水泥混凝土面层宜采用滑模摊铺机铺筑。服务区水泥混凝土路面不宜低于二级公路的质量要求，连接线路面应符合相应等级公路水泥混凝土路面的质量要求。

7.10 路缘石、护栏等滑模摊铺机施工

7.10.1 水泥混凝土路缘石、路肩石与排水沟拼装施工及滑模摊铺前，应设置基准线。基准线设置及精度等应符合本细则第7.3节的相关要求。

7.10.2 水泥混凝土路缘石、路肩石与浅碟形排水沟可采用滑模摊铺机悬臂连体摊铺或专门滑模摊铺机摊铺。采用滑模摊铺机悬臂连体摊铺硬路肩及路缘石时，最大悬臂摊铺宽度不应大于2.75m。其模具外形应设置2°~3°前大后小的挤压喇叭口，并应配备专用振捣棒振捣密实。

7.10.3 滑模摊铺机推进前，应保证振动仓内料位充足。滑模摊铺时，应先振捣密实，再起步前进，保证混凝土挤压成型效果满足要求。

7.10.4 突起路缘石或浅碟形排水沟与边坡排水沟相连接部位，应在混凝土硬化前挖

掉路缘石或浅碟形排水沟外侧，并抹成与泄水槽顺接的喇叭口。连接部位应排水通畅、接口圆滑，不得积水与阻水。

7.10.5 现场浇筑路缘石、路肩石与浅碟形排水沟时，应在浇筑段和起终点设置稳固的模板。

7.10.6 滑模摊铺与现浇路缘石、路肩石、浅碟形排水沟的接缝施工应符合下列规定：

1 硬路肩横缝应与行车道面层横缝对齐。硬路肩与路缘石连体滑模铺筑时，路缘石横缝应与硬路肩一次连续切成。

2 滑模摊铺路缘石、路肩石与浅碟形排水沟时，应设置横向缩缝。

3 浅碟形排水沟切缝形状、尺寸和填缝料宜与路面相同。

4 路缘石紧贴硬路肩拼装的纵缝宜使用与路面相同的填缝料填缝。

7.10.7 护栏的基准线可设置在护栏内侧不阻碍滑模摊铺机行进的位置。桥梁护栏基准线桩可与梁顶预留锚固钢筋临时焊接。护栏的基准线设置精度应符合表7.3.6的规定。

7.10.8 桥梁护栏应按设计要求配备钢筋笼，钢筋笼应与边板底部伸出的钢筋相焊接，底部应与边板混凝土连接牢固。

7.10.9 滑模摊铺公路护栏时，应在护栏中上部配1根、底部两侧各配1根直径不小于14mm的连续光圆钢筋，钢筋接头应焊接并打磨平滑。3根钢筋应滑移穿进固定于护栏模具上的定位套筒内。

7.10.10 滑模摊铺混凝土护栏时，拌合物工作性应满足下列三项要求之一：

1 摊铺时拌合物的坍落度应为零；出拌和楼（机）的坍落度视气温高低与运距远近，宜控制在15～30mm之间，运距长时，用大值。

2 摊铺时拌合物的振动黏度系数宜控制在700～900N·s/m^{2}之间。

3 摊铺时拌合物的维勃时间宜为10～15s。

7.10.11 摊铺过程中，应始终维持机前拌合物工作性稳定不变，并易于摊铺。

7.10.12 护栏混凝土配制强度等级和配筋应符合现行《公路护栏安全性能评价标准》（JTG B05-01）和设计的要求，单位水泥用量不宜低于150kg/m^3，砂率不宜小于36%，并应掺适量Ⅰ、Ⅱ级粉煤灰、矿粉等提高拌合物黏聚性及胶材总量。粉煤灰、矿粉的适宜掺量应通过试验和试铺确定。

7.10.13 严寒和寒冷地区护栏混凝土中应掺引气剂，拌合物含气量宜控制在4% ±1%。

7.10.14 滑模摊铺混凝土护栏应符合下列规定：

1 滑模摊铺机振捣护栏混凝土时，拌合物的工作性应保证能够振动液化，并在推进持续时间内达到密实状态的要求。

2 护栏的摊铺速度应根据供料快慢、振捣密实程度、摊铺效果等控制，宜在0.75 ~1.5m/min 之间。

3 摊铺过程中，振捣密实的混凝土脱出滑模模具时，护栏顶面塌落量不应大于3mm，并应在摊铺过程中始终维持恒定，不得塌落后再贴补薄层砂浆局部加高。

4 护栏表面气孔、局部麻面等缺陷可使用专用工具进行人工修整。

5 滑模摊铺公路护栏停止，需再纵向接铺时，应牢固架设刚度足够的端部垂直模板。

6 铺筑桥梁护栏时，在设钢筋笼的一个连续节段内，滑模摊铺不得中断。

7 摊铺开始和结束时，护栏端部应做成符合设计要求的圆滑纵向斜坡。

8 公路护栏纵向宜切缝，长度宜为5 ~10m；年温差较大地区宜取小值；反之，宜取大值。外周切缝最浅深度不宜小于40mm。缝宽不宜大于3mm。

9 公路护栏与硬路肩相接时，其底部应按设计要求设置横向排水孔，排水孔可用木模制作并安装牢固。

8 三辊轴机组与小型机具施工

8.1 一般规定

8.1.1 三辊轴机组铺筑工艺可用于二级及二级以下公路的水泥混凝土路面面层、桥面和隧道混凝土面层的施工，也可用于高速、一级公路硬路肩、匝道、收费广场边板、封闭式中央分隔带、弯道超高加宽段硬路肩及局部异形面板等的施工。

8.1.2 小型机具铺筑工艺可用于三、四级公路水泥混凝土面层的施工，不得用于隧道水泥混凝土面层与桥面铺装施工。

8.1.3 三辊轴机组与小型机具两种铺筑工艺的混凝土应采用集中搅拌。铺筑长度不足10m时，可使用小型搅拌机现场搅拌。严禁人工拌和。

8.1.4 三辊轴机组与小型机具铺筑时，混凝土拌合物的出机与摊铺坍落度应符合第4.2.3条的规定。

8.1.5 三辊轴机组与小型机具铺筑时，应加强各工序之间的衔接，振捣密实与成型饰面所需时间不得超过拌合物初凝时间。

条文说明

三辊轴机组属于小型机具的改进形式，是将小型机具施工时的振动梁和滚杠合并安装在有驱动力轴的一台设备上。它具有横纵向整平、浅表层振实、压实和提浆功能，不具备将中、下层混凝土振捣密实的功能。为了保证该工艺铺筑出各种混凝土结构层的整体密实度，在一般施工场合，常同时配备振捣棒、密集排列振捣棒的振捣机或其他辅助设备。

8.2 模板及其架设与拆除

8.2.1 模板应采用钢材、槽钢或方木制成。模板高度应为面层设计厚度，直线段模板长度不宜小于3m，小半径弯道及竖曲线部位可配备长度为3m的短模板。

8.2.2 纵向施工缝侧模板应按照设计的拉杆直径和间距钻拉杆插入孔，模板每米长度应设置不少于1处支撑固定装置。

8.2.3 模板加工与矫正精度应符合表8.2.3的规定。

表 8.2.3 模板加工与矫正精度

施工方式	高度偏差（mm）	局部变形（mm）	垂直边夹角（°）	顶面平整度（mm）	侧面平整度（mm）	纵向变形（mm）
三辊轴机组	±1	±2	90±2	±1	±2	±2
小型机具	±2	±3	90±3	±2	±3	±3

8.2.4 横向工作缝端模板应按设计规定的传力杆直径和间距设置传力杆插入孔和定位套管。两边缘传力杆到自由边距离不宜小于150mm。端模板每米长度应设置1个垂直固定孔套。工作缝端模侧立面如图8.2.4所示。

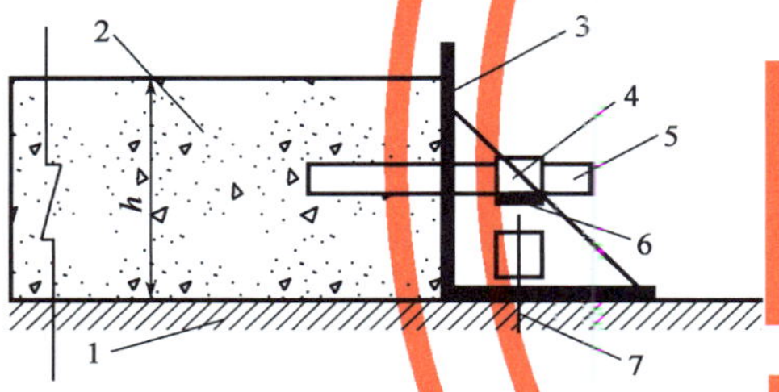

图8.2.4 工作缝端模侧立面

1-基层；2-混凝土路面；3-钢端模；4-定位套管；5-传力杆；6-支撑横梁；7-固定钉

8.2.5 模板数量应根据施工进度和施工气温确定，并满足拆模周期周转需要。模板总量不宜少于两次周转的需要。

8.2.6 模板安装前应进行测量放样，并核对路面高程、面板分块、胀缝和构造物位置。路面中心桩应每20m设一处，水准点宜每100m布设一处。测量放样的质量要求和允许偏差应符合相关规范的规定。

8.2.7 安装水平曲线与纵曲线路面模板时，应将每块短模板中点安装在曲线的切点上。

8.2.8 模板应采用三角形木块调整高度。厚度不足时，可会同设计调整设计线，不得在基层上挖槽，嵌入安装模板。

8.2.9 模板应固定牢固，在振捣机、三辊轴整平机、滚杠等设备、机具往复作用下，不得出现推移、变形、跑模等现象。

8.2.10 模板固定后，底部空隙宜采用干硬性砂浆填堵，相邻模板接头应粘贴胶带密封，并不得漏浆。与混凝土拌合物接触的表面应涂脱模剂或隔离剂。

8.2.11 模板的安装应平整、顺适、稳固，相邻模板连接应紧密平顺，不得错茬与错台。模板安装应在混凝土面层铺筑之前完成，并满足封模砂浆固化要求。

8.2.12 模板安装精度应符合表8.2.12的规定。检验合格后，方可开始铺筑。

表8.2.12 模板安装精度要求

检测项目[a]		三辊轴机组摊铺	小型机具摊铺
平面偏位（mm）≤		10	15
纵断高程偏差（mm）		±5	±10
摊铺宽度偏差（mm）≤		10	15
面层厚度（mm）≥	代表值	-3	-4
	极值	-6	-8
横坡偏差（%）		±0.10	±0.20
相邻板高差（mm）≤		1	2
顶面接茬3m尺平整度（mm）≤		2，合格率不低于90%	2.5，合格率不低于90%
模板接缝宽度（mm）≤		2	3
模板垂直度（mm）≤		3	4
纵向顺直度（mm）≤		3	4

注：[a]模板安装精度采用尺测或20m拉线检测。

8.2.13 模板拆除时，面层混凝土抗压强度不应小于8.0MPa。

8.2.14 当缺乏强度实测数据时，边侧模板的最早允许拆模时间应符合表8.2.14的规定。

表8.2.14 水泥混凝土面层的最早允许拆模时间（h）

昼夜平均气温（℃）	-5	0	5	10	15	20	25	≥30
硅酸盐水泥、R型水泥	240	120	60	36	34	28	24	18
道路、普通硅酸盐水泥	360	168	72	48	36	30	24	18
矿渣硅酸盐水泥	—	—	120	60	50	45	36	24

注：允许最早拆侧模时间从混凝土面层精整成型后开始计算。

8.2.15 模板拆卸应使用专用工具。拆模不得损坏板边、板角，不得造成传力杆和拉杆松动或变形。

8.2.16 拆下的模板应将黏附砂浆清除干净，并矫正变形。模板矫正精度应符合表8.2.3的规定。

8.3 水泥混凝土面层三辊轴机组铺筑

8.3.1 三辊轴机组铺筑水泥混凝土面层时，应按照支模、安装钢筋、布料、振捣、三辊轴整平、精平、养生、刻槽（拉毛）、切缝、填缝的工艺流程进行。

8.3.2 三辊轴整平机应由振动辊、驱动辊和甩浆辊组成，材质应为三根等长度同直径无缝钢管，并具有足够的刚度和耐磨性。三辊轴整平机的技术参数应符合表8.3.2的要求，并应根据面层厚度、拌合物工作性和施工进度等合理选用。

表8.3.2 三辊轴整平机的技术参数要求

轴直径（mm）	轴速（r/min）	轴长（m）	轴质量（kg/m）	行走速度（m/min）	整平轴距（mm）	振动功率（kW）	驱动功率（kW）	适宜整平路面厚度（mm）
168	300	5～9	65±0.5	13.5	504	7.5	6	200～260
219	380	5～12	77±0.7	13.5	657	17	9	160～240

8.3.3 三辊轴整平机使用功能应符合下列规定：

1 三辊轴整平机辊轴长度应比实际铺筑的面层宽度至少长出0.6m，两端应搭在两侧模板顶面。

2 三辊轴整平机振动辊应有偏心振捣装置，偏心距应由密实成型所需振幅决定，宜为3mm。振动辊应安装在整平机前侧，由单独的动力驱动。甩浆辊的转动方向应与铺筑前进方向相反，不振动时可提离模板顶面。

条文说明

1 整平辊为两根等长同心钢辊，一根为能高速转动的甩浆辊；另一根为能够匀速推进并挤压成型的驱动辊，并列安装在整平机的后侧，支承在钢模板上，由单独的动力驱动，可正反向转动，驱动整平机前、后移动或停机。

2 在施工现场曾发现，某些三辊轴整平机的振动辊无振动机构，仅为一根压辊，无法保证整平提浆效果，需要加以限制，因此对振动辊应有偏心振捣装置做出了明确规定。

8.3.4 三辊轴机组铺筑水泥混凝土面层时，应配备振捣机。振捣机应符合下列规定：

1 振捣机应由机架、行走机构和一排振捣棒组成，并配备螺旋布料器和松方控制刮板，具备自行或推行功能。

2 连续式振捣机的振捣棒组宜水平或小角度布置，直径宜为80～100mm，振动频率宜为100～200Hz，工作长度宜为400～500mm，振捣棒之间的间距宜为350～500mm。振捣机的移动速度应可调整，调整范围宜为0.5～2m/min。

3 间歇式振捣机的振捣棒可垂直或大角度布置，振捣棒的直径、振动频率、工作长度和间距要求应与连续式振捣机相同。振捣棒每次插入振动最短时间不应短于20s，振捣棒应缓慢抽出后，再移动振捣机，每次移动距离不应超过振捣棒有效作用半径的1.5倍，并不宜大于0.6m。

条文说明

振捣机是三辊轴机组的配套设备。振捣棒的振捣频率越高，越能移动和振实混凝土中细小的颗粒；频率越低，越能移动与振实较大的颗粒。振实混凝土推荐100～200Hz（6 000～12 000次/min）高频及超高频振捣棒，原因是混凝土在高频振捣过程中，振捣能量和频率均会衰减损失，越高的振捣频率，衰减后的频谱宽度越宽，宽振捣频谱方可使混凝土拌合物中所有大小的颗粒在振捣时全部运移就位，振捣后的混凝土才能密实。

8.3.5 振捣梁应设置在三辊轴整平机前方。当铺筑厚度不大于200mm时，其振动频率宜为50～60Hz，振动加速度宜为4～5*g*（*g*为重力加速度）。

8.3.6 当一次铺筑宽度大于4.5m时，纵缝拉杆宜使用预设钢筋支架固定。

8.3.7 横向连接纵缝处的拉杆应在边模板预留孔中插入，并振实粘牢。松动的拉杆应在连接摊铺前重新植牢固。

8.3.8 横缝传力杆应采用预制钢筋支架法安装固定，不得手工设置传力杆。宜使用手持振捣棒专门振实传力杆支架范围内的混凝土。振捣机连续振捣时，振捣棒的深度应位于传力杆顶面以上。

8.3.9 应根据铺筑时拌合物的实测坍落度，按照表8.3.9初选松铺系数，并根据铺筑效果最终确定。弯道横坡与超高路段的松铺系数，高侧宜取表8.3.9中的高值，低侧宜取其低值。

表8.3.9 不同铺筑坍落度时的拌合物松铺系数

铺筑坍落度（mm）	10～30	30～50	50～70
拌合物松铺系数	1.2～1.25	1.15～1.20	1.10～1.15

8.3.10 纵坡路段宜向上坡方向铺筑。

8.3.11 应全断面布料，松铺高度符合要求后，再使用振捣机开始振捣。振捣机应匀速缓慢、连续地振捣行进作业。振捣后的混凝土面层应成为连续均匀的整体，并达到所要求的密实度。

条文说明

振捣机有连续拖行振实与间歇插入振实两种，前者适用于水泥混凝土面层，后者适用于缩缝传力杆支架部位、连续配筋或钢筋混凝土面层的振实。拖行振实要防止砂浆条带出现纵向塑性收缩开裂；间歇插入振实要确保前后的振捣叠加，保证振实效果的连续均质性。振实要领在于先使拌合物振捣为连续介质，并将其中的气泡排除。振捣棒之间及叠加部位的粗集料与振捣棒附近一样沉入砂浆表面，表明其振捣密实度达到要求，方可将振捣机向前推进。

8.3.12 振捣机振实后，料位应高于模板顶面 5 ~ 15mm，局部坑洼不得低于模板顶面。过高时应铲除，过低应及时补料。

8.3.13 三辊轴整平机作业应符合下列规定：

1 三辊轴整平机应按作业单元分段整平，作业单元长度宜为 10 ~ 30m，施工开始或施工温度较高时，可缩短作业单元长度，最短不宜短于 10m。振捣机振实与三辊轴整平两道工序之间的间隔时间不宜超过 15min。

2 在作业单元长度内，三辊轴整平机应采用前进振动、后退静滚方式作业。

3 三辊轴整平机整平水泥混凝土面层不同料位高差的滚压遍数，可根据表 8.3.13 按拌合物坍落度初步设置，并根据试铺效果最终确定。

表 8.3.13 三辊轴整平机整平水泥混凝土面层不同料位高差的滚压遍数参考表

坍落度（mm）	料位高差（mm）					
	2	4	6	2	4	6
	$L=9$m，$d=168$mm，$m=2\,095$kg			$L=12$m，$d=219$mm，$m=3\,800$kg		
	滚压遍数					
1.5	3	5	8	1	2	2
4.0	2	3	5	1	1	2
6.0	1	2	3	1	1	1

注：1. 前进振动、后退静滚的一次往返，为一遍。
2. L 为三辊轴长度，d 为三辊轴直径，m 为三辊轴整机质量。

4 三辊轴整平作业时，应处理整平轴前料位的高低情况，过高时应铲除，轴下的间隙应采用混凝土补平。

5 振动滚压完成后，应升起振动辊，用甩浆辊抛浆整平一遍，再用整平轴前、后静滚整平，直到平整度符合要求、表面砂浆厚度均匀为止。

6 路面表层砂浆的厚度宜控制为 4mm ± 1mm。过厚的稀砂浆应及时刮除丢弃，不得用于路面补平。

7 三辊轴整平机整平后，应采用 3 ~ 5m 刮尺，纵、横两个方向精平饰面，纵向不少于 3 遍，横向不少于 2 遍。也可采用旋转抹面机密实精平饰面 2 遍，直到平整度符合要求。

8　饰面完成后，应立即开始保湿养生。

条文说明

本条规定了三辊轴整平机作业过程中作业单元、料位高差、滚压遍数、补料、静滚、表面质量控制的要求。其中关键是滚压遍数的控制，并非滚压遍数越多，平整度越好，过多的滚压遍数反而会使平整度变差。

8.4　钢筋混凝土、纤维混凝土路面与桥面三辊轴机组铺筑

8.4.1　钢筋混凝土和连续配筋混凝土面层采用三辊轴机组铺筑时，钢筋的安装精度应符合表 7.5.4-2 的规定。侧模板的安装精度应符合表 8.2.12 的规定。

8.4.2　在钢筋上供料与布料时，不得造成钢筋塌陷变形或贴底。

8.4.3　钢筋混凝土和连续配筋混凝土面层振捣应采用排式振捣机间歇插入振捣密实，振捣机一次移动距离应小于 500mm，振实时间应按表面泛浆宽度大于 1.0m，重叠宽度不小于 300mm 进行控制，并应确保将钢筋底部混凝土振捣密实。

8.4.4　三辊轴整平机作业等应符合本细则第 8.3.13 条的规定。

8.4.5　连续配筋混凝土面层端部地锚梁与伸缩缝等的施工应符合本细则第 7.5 节的相关规定。

8.4.6　采用三辊轴机组摊铺纤维混凝土面层时，不得使用插入式振捣棒振捣。应按下列工序进行：

1　采用大功率振动板全面振动出浆。
2　用底面带凸棱的振动梁振捣并压入纤维。
3　用三辊轴整平机将表面滚压密实平整。
4　用长度 3m 以上的刮尺手工精平 2～3 遍，直至平整度合格。

条文说明

三辊轴机组摊铺纤维混凝土面层时，不得采用插入式的振捣方式，是为了保证混凝土中纤维的分布均匀性和结构连续性。将钢纤维压进混凝土表面以内，以确保行车安全。

8.4.7　桥面采用三辊轴机组铺装时，应使用直径 219mm 的三辊轴整平机。

8.4.8 不能整幅铺装桥面时，连接摊铺一侧应使用钢筋可穿过的中空型模板，不得切断桥面整幅钢筋，亦不得用模板将钢筋压贴到梁板上。

8.4.9 三辊轴机组铺筑钢筋混凝土桥面时，钢筋的安装质量应符合本细则第7.5.4条的规定。钢筋混凝土桥面供料与布料应符合本细则第8.4.2条的要求。桥面混凝土振捣密实应符合本细则第8.4.3条的要求。三辊轴整平机作业应符合本细则第8.3.13条的相关规定。

8.4.10 三辊轴机组铺装各种钢筋纤维混凝土桥面时，应使用振动板振实，再用底面带凸棱振捣梁振捣并压入纤维。不得使用插入振捣棒振捣。

8.5 水泥混凝土面层小型机具铺筑

8.5.1 小型机具铺筑宽度不大于4.5m时，铺筑能力不宜小于20m/h。

8.5.2 混凝土拌合物摊铺前，应对模板的架设位置、精度、支撑稳固情况，传力杆、拉杆的安设等进行全面检查，并洒水润湿板底。应采用厚度标尺板全面检测板厚，与设计值相符方可开始摊铺。

8.5.3 拌合物的坍落度宜控制在5~20mm之间。松铺系数宜控制在1.10~1.25，坍落度高时取低值，横坡高侧取高值。

8.5.4 卸料应均匀，采用人工布料时，应用铁锹反扣，不得抛掷和搂耙。

8.5.5 已铺筑好的面层端头应设置施工缝，不能被振实的拌合物应废弃。

8.5.6 小型机具铺筑时，应依次使用振捣棒、振动板、振动梁三遍振捣密实。

8.5.7 插入式振捣棒振实应符合下列规定：

1 在待振横断面上，每车道应配备不少于3根振捣棒，振捣棒的功率不应小于1.1kW，沿横断面连续振捣密实，板底、内部和边角不得欠振和漏振。

2 振捣时，振捣棒应轻插慢提，不得在拌合物中平推或拖拉振捣。

3 振捣棒移动距离不应大于有效作用半径的1.5倍，并不大于500mm，每处振动时间不宜短于30s。边角插入振捣离模板的距离不应大于150mm，并应避免碰撞模板。

4 缩缝传力杆支架与胀缝钢筋笼应预先安装固定，再用振捣棒振捣密实。边缘拉杆振捣时，应由人工扶正拉杆。

5 振捣时，应辅以人工补料，并随时检查振实效果，及时纠正模板、拉杆、传力杆和钢筋的移位、变形、松动、漏浆等情况。

8.5.8 振动板振实应符合下列规定：

1 每车道应配备不少于2台振动板，振动板的功率不应小于2.2kW。

2 每个振动板应由两名作业人员提拉振动，不得自由放置或长时间持续振动。振动板移位时，应重叠100～200mm，每处振动时间不应少于15s。

3 振动板振动遍数应纵、横向交错两遍，不得过振或漏振，应控制振动板板底泛浆厚度为4mm±1mm。

4 缺料的部位，应在振动的同时辅以人工补料找平。

8.5.9 振动梁振实应符合下列规定：

1 应配备1根振动梁，长度应比路面宽度每侧宽出300～500mm。振动梁上应安装2台附着式表面振动器，振动器功率不应小于1.1kW。振动梁底部应焊接或安装深度4mm的粗集料压入齿。

2 振动板振实长度达到10m后，可垂直路面中线纵向人工拖动振动梁，在模板顶面往复拖行2～3遍，使表面泛浆均匀平整。

3 拖行过程中，振动梁下间隙应及时用混凝土补平，不得用纯砂浆填补；料位高出模板时应人工铲除，直到表面泛浆均匀，路面平整。

8.5.10 小型机具应采用滚杠、整平尺或抹面机三遍整平，直至面层无任何缺陷，平整度符合要求。

8.5.11 滚杠整平应符合下列规定：

1 应在每个作业面配备2根整平滚杠，一根用于施工，另一根浸泡清洗备用。滚杠应使用直径为100mm或125mm的无缝钢管制成，刚度及顺直度应满足施工质量要求，两端设有把手与轴承，能够往复拖滚。

2 滚杠应支承在模板顶面，用人工往返拖滚，拖滚遍数宜为2～3遍，第一遍应短距离缓慢拖滚或推滚，以后应较长距离匀速拖滚，并将水泥浆始终赶在滚杠前方。

3 滚杠下有间隙的部位应及时找补，多余水泥浆应铲除。

8.5.12 整平饰面应待混凝土表面泌水基本完成后进行，采用3m刮尺收浆饰面，纵横各2～3遍抄平饰面，直到表面平整度符合要求，表面砂浆厚度均匀。

8.5.13 整平饰面也可采用叶片式或圆盘式抹面机进行，抹面机应按每车道路面不少于1台配备。饰面遍数宜为往返1～2遍。

8.5.14 精平饰面应符合下列规定：

1　在抹面机完成作业后，应使用抹刀进行精平饰面。精平饰面包括清边整缝，清除粘浆，修补缺边、掉角等工作。

2　当烈日暴晒或风大时，应加快表面的修整速度，或在防雨篷下进行。

3　精平饰面后的面层表面应致密均匀，无抹面印痕，无露骨，平整度应达到要求，并应立即进行保湿养生。

9 碾压混凝土路面施工

9.1 一般规定

9.1.1 碾压工艺可用于二、三、四级公路混凝土面层与高速公路、一级公路复合式路面碾压混凝土下面层施工。

9.1.2 碾压铺筑应按卸料进摊铺机、摊铺机摊铺、拉杆设置、钢轮压路机初压、振动压路机复压、轮胎压路机终压、抗滑处理、养生、切缝等工艺流程进行。

9.1.3 碾压混凝土面层摊铺，宜选用沥青混凝土摊铺机。摊铺机应具有振动压实功能，摊铺密实度不应小于85%。

9.1.4 碾压混凝土面层铺筑可采用基准线法，基准线设置精度应符合表7.3.6的要求，板厚校验应符合本细则第7.3.8条的规定。

9.1.5 碾压混凝土面层铺筑时，边缘宜设置槽钢或方木模板。模板安装精度应符合表8.2.12的规定。模板固定应牢固，碾压时不得推移。

9.1.6 碾压混凝土最早允许拆模时间宜符合表8.2.14中硅酸盐水泥的规定。碾压混凝土拆模时不得散落集料。

9.2 碾压混凝土面层施工

9.2.1 采用沥青混凝土摊铺机摊铺时，松铺系数宜控制在1.05~1.15之间。采用基层摊铺机摊铺时，松铺系数宜控制在1.15~1.25之间。应通过试铺确定松铺系数。

9.2.2 摊铺前应洒水湿润基层。摊铺作业应均匀、连续，摊铺过程中不得随意变换速度或停顿。

9.2.3 螺旋分料器转速应与摊铺速度相适应，摊铺过程中应保证两边缘供料充足。

9.2.4 弯道及超高路段铺筑时，应及时调整左右两侧分料器的转速，保证两侧供料均衡、充足。

9.2.5 两台摊铺机前后紧随摊铺时，两幅摊铺间隔时间应控制在1h之内。

9.2.6 拉杆设置应与摊铺同步进行。采用打入法时，应根据设计间距设醒目的定位标记，准确打入拉杆。

9.2.7 摊铺后，应立即对所摊铺混凝土表面进行检查，局部缺料部位，应及时补料。局部粗集料聚集部位，应在碾压前挖除并用新混凝土填补。

9.2.8 碾压段长度宜控制在30～40m之间。直线段碾压时，压路机应从外侧向路中心碾压；平曲线有超高路段，应由低侧向高侧、自内向外碾压。

9.2.9 碾压应紧随摊铺机碾压。碾压宜分初压、复压和终压三个阶段进行，并应符合下列规定：

1 压路机应匀速稳定、连续行进，中间不应停顿、等候和拖延，也不得相互干扰。

2 压路机起步、倒车和转向均应缓慢柔顺，碾压过程中不得中途急停、急拐、紧急起步及快速倒车。

3 初压宜采用钢轮压路机或振动压路机静碾压，重叠量宜为1/3～1/4钢轮宽度。

4 复压宜采用10～15t振动压路机振动碾压，重叠量宜为1/3～1/2振动碾宽度。复压遍数应以实测满足规定压实度值为停止复压标准。

5 终压应采用15～25t轮胎压路机静碾压，以弥合表面微裂纹和消除轮迹为停压标准。

9.2.10 碾压密实后的表面应及时喷雾、洒水，并尽早覆盖养生。

9.2.11 施工过程中应采取措施控制碾压混凝土表面裂纹的产生。碾压终了后的面层表面不应有可见微裂纹。

条文说明

碾压混凝土面层铺筑中，若拌合物稠度不合适、表面被风干或碾压作业不当等，碾压终了后的面层表面时有可见微裂纹，这对面层的抗磨、耐疲劳、抗冻等耐久性造成严重不利影响，在局部微裂纹部位有可能飞散成坑，应加以控制和消除。

9.2.12 碾压混凝土面层横向施工缝施工应符合下列规定：

1　在施工段终点处应设压路机可上、下面层的纵向斜坡。

2　第二天摊铺开始前，应检测前一施工段终点厚度及平整度不合格段落。

3　应全厚度切除不合格段落的混凝土。

4　纵向连接摊铺新路面时，施工缝侧壁应涂刷水泥浆。

5　受设备限制，切缝深度不能达到混凝土面层全厚时，切缝深度不应小于800mm，并应将施工缝下部凿顺直。

9.2.13　碾压混凝土面层胀缝应与下面层或基层中的胀缝对齐。

9.2.14　纵、横向缩缝应采用硬切缝，硬切缝及填缝要求与水泥混凝土面层相同。

9.2.15　碾压混凝土面层抗滑构造采用表面露石构造时，粗集料的磨光值PSV不应小于35，洛杉矶磨耗损失不宜大于35%。在混凝土终凝之前，应扫除表面的砂浆。露石面积不宜少于70%。

10 混凝土砌块路面砌筑施工

10.1 一般规定

10.1.1 混凝土砌块路面的砂垫层应均匀、密实，能保证砌块稳固，不得局部缺失。

条文说明

混凝土砌块路面适用于中、轻交通荷载等级的公路、旅游区公路，也可用于极重、特重、重交通荷载等级的公路路基欠稳固又要求快速通车的局部路段过渡面层。

砂垫层是砌块垂直坐稳并形成纵横紧密嵌锁的必备条件，因此不得缺乏或局部缺失砂垫层，导致砌块路面直接铺筑在刚性或半刚性基层上，造成砌块不稳固。

10.1.2 混凝土砌块路面两侧应按设计设置路缘基座或缘石。与水泥混凝土路面连接时，可依托水泥混凝土路面进行约束。

10.1.3 混凝土砌块路面宜采用机械化方式铺砌。

10.2 砌块路面材料

10.2.1 混凝土砌块应符合下列规定：

1 砌块形状宜为六边形或矩形。机械化砌筑的砌块平面尺寸可根据设备的砌筑能力确定。手工铺砌六边形砌块两对角线最大长度宜为300mm；手工铺砌矩形砌块的平面尺寸宜为200mm×400mm。砌块顶面四周应设3mm的倒角。

2 用于极重、特重、重交通荷载等级路面时，混凝土砌块抗压强度等级不应低于C50，弯拉强度不应低于6.0MPa。用于中、轻交通荷载等级路面时，混凝土砌块抗压强度等级不应低于C40，弯拉强度不应小于5.0MPa。混凝土砌块的抗压、弯拉强度的试验方法应符合附录F的规定。

3 混凝土砌块的外观质量与尺寸精度应符合表10.2.1的要求。

4 有抗冰冻与抗盐冻要求时，砌块中混凝土中应掺引气剂，抗冻性应符合本细则第4.2节相关规定。

5　不得使用无振动模压法压制成型的混凝土砌块。

表 10.2.1　混凝土砌块的外观质量与尺寸精度要求（mm）

序　　号	项　　目	质量标准	检 验 方 法
1	长度、宽度、厚度	±2.0	游标卡尺测量
2	厚度差　≤	1.5	
3	平整度　≤	2.0	精度不低于0.5mm专用卡尺测量
4	垂直度　≤	2.0	
5	缺损最大投影尺寸　≤	5	
6	缺棱掉角的最大投影尺寸　≤	5	
7	表面裂纹	不得有	目测

10.2.2　混凝土砌块进场后，应按表10.2.2的要求进行质量检验，不合格的砌块不得使用。

表 10.2.2　砌块质量检验项目、频率及方法

序　　号	检验项目	检 验 频 率	检 验 方 法
1	抗压强度	每2万块为一批，不足2万块按一批计，每批随机抽取50块检验样品	附录F.1
2	弯拉强度		附录F.2
3	外观质量		表10.2.1

10.2.3　混凝土砌块路面用填缝砂质量应符合本细则第3.4节Ⅱ级砂的规定，整层砂应符合Ⅲ级砂规定，并应符合下列规定：

1　填缝砂2.36mm筛孔的累计筛余量不应大于5%，含泥量不应大于2.0%，泥块含量不应大于0.5%。

2　垫层砂4.75mm筛孔的累计筛余量不应大于5%，含泥量不应大于3.0%，泥块含量不应大于1.0%。

3　填缝砂与垫层砂的级配宜符合表10.2.3的规定。

表 10.2.3　砌块路面用砂的级配范围

用　　途	方筛孔尺寸（mm）						
	0.15	0.30	0.60	1.18	2.36	4.75	9.5
	累计筛余（以质量计）（%）						
填缝砂	90～100	90～60	75～15	0～20	0～5	0	—
垫层砂	90～100	70～90	40～75	15～50	0～15	0～5	0

10.2.4　填缝砂、垫层砂质量检验项目、频率及方法应符合表10.2.4的规定。

表 10.2.4 填缝砂、垫层砂质量检验项目、频率及方法

序号	检验项目	检验频率	检验方法
1	颗粒级配	垫层砂每 $200m^3$ 为一批，填缝砂 $50m^3$ 为一批，数量不足者按一批检验。取样数量随机抽取 10kg	JTG E42
2	含泥量		
3	泥块含量		

10.2.5 预制路缘基座制品的质量应检验合格，检验项目、频率及方法应符合表 10.2.5 的规定。

表 10.2.5 路缘基座制品的质量检验项目、频率及检测方法

序号	检验项目	检验频率	检验方法
1	抗压强度	每 2 万块为一批，不足 2 万块按一批计，每批随机抽取 50 块检验样品	附录 F.1
2	抗冻标号		附录 F.3
3	外观质量		游标卡尺

10.3 路缘基座施工

10.3.1 现场浇筑路缘基座可使用专用滑模摊铺机连续浇筑或现场立模浇筑施工，预制基座宜采用人工拼装施工。

10.3.2 路缘基座滑模摊铺施工可采用基准线法进行高程与位置控制，基准线设置应满足本细则第 7.3.6 条的要求。应使用符合基座外形要求的模具。

10.3.3 现浇混凝土路缘基座时，宜设置拉线确定侧模位置与高程。连续浇筑的路缘基座每 5～8m 宜切一道缩缝，缝宽宜为 3mm±1mm，切缝深度不应小于 40mm。

10.3.4 人工拼装预制混凝土基座应符合下列规定：

1 应按设计图纸对路缘基座安装位置进行放样，并在基座顶面边角挂设拉线。

2 应开挖基座至设计位置，并清理路缘基座底部。

3 安设前应先按设计在基座底部铺设水泥砂浆垫层，砂浆强度等级不应低于 M15，厚度不应小于 15mm，然后安装路缘基座并按拉线调整高程和位置。安装完成后，两块路缘基座间间隙不宜大于 5.0mm。

10.4 砂垫层施工

10.4.1 砂垫层压实厚度应符合设计要求，松铺系数宜根据试铺确定。

10.4.2 砂垫层铺设可采用刮板法、耙平法、机械摊铺法。砂垫层摊铺后应刮平并压实，保证砌块路面的平整度、密实度符合要求。

10.4.3 砂垫层铺设完成后应加以保护，不得行驶车辆、机械碾压与人员踩踏。

10.5 砌块路面铺砌

10.5.1 铺砌前，应准确放样，并设置铺砌表面拉线。

10.5.2 应按设计图纸确定的铺设方式铺砌混凝土路面砌块。

10.5.3 人工铺砌时，不得站在砂垫层上作业，应采用前进铺砌方式施工。铺砌时，砌块应垂直放置，不得倾斜落地。砌块放置到位后，可采用橡胶锤敲击等方法，使砌块坐稳。

10.5.4 机械铺砌时，应符合下列规定：

1 宜在预制厂将砌块拼装为铺砌单元，以夹紧状态运输至现场。铺砌单元面积宜为0.5 ~1.5m^2。

2 可采用在每个铺砌单元内块体之间和铺砌单元之间夹2 ~3mm的接缝榫等方法，控制块体间接缝宽度均匀一致。

3 铺砌时，应使用机械将每个铺砌单元垂直对中放置就位，避免倾斜落地，摆放后应逐块检查砌块是否稳固，不稳固的砌块应敲击稳定。

10.5.5 砌块铺砌完成后，应按两条相互垂直的砌块拉线进行接缝调整。砌块接缝宽度应控制在2 ~4mm范围内。

10.5.6 砌块与基座间不大于20mm的间隙，可通过适当调整砌块之间接缝宽度的方法予以消除。大于20mm的间隙，可使用C40细石混凝土夯实填补并抹平。

10.5.7 砌块拼砌边缘及端部不完整部分，当面积大于或等于砌块1/3时，宜切割砌块或使用断裂砌块填补；当面积小于砌块1/3时，宜使用C40细石混凝土夯实填补并抹平。

10.5.8 砌块路面应使用自重3 ~5t的胶轮或胶带振动压路机振压稳定，并应符合下列规定：

1 胶轮或胶带振动压路机的激振力宜为16 ~20kN，振动频率宜为75 ~100Hz。

2 压实前路面的铺砌长度宜为30 ~50m。

3　碾压时，振动压路机应由路边缘向中间碾压振实。距铺砌工作面 1.0m 前应停止。

4　碾压振实应使垫层砂嵌入接缝底部 25 ~ 50mm。

10.5.9　砌块路面应在第一遍振压后，开始填灌填缝砂。填灌填缝砂应符合下列规定：

1　填缝砂应均匀撒布，并用笤帚或刮板等工具将路面上的砂扫入接缝中，再用振动压路机进行振动压实，使砂灌入缝槽。

2　振压与灌砂宜反复进行，直至填缝砂灌满填实为止。最少灌砂遍数不应少于5遍。

3　接缝灌实后，砌块表面残留的填缝砂与缝槽表面的松散砂应清扫干净。

10.5.10　竖曲线路段，应将砌块路面铺砌成连续曲线，不得铺砌为折线。曲线处砌块接缝表面宽度应控制在 2 ~ 5mm 之间。

10.5.11　平曲线路段，可调整砌块纵向接缝宽度。弯道外侧砌块接缝宽度不应大于 5mm。

11 面层接缝、抗滑构造施工及养生

11.1 一般规定

11.1.1 水泥混凝土面层缩缝应使用切缝机按设计位置、深度、形状切割而成。

11.1.2 横向施工缝应与其他横向接缝合并设置。

11.1.3 各种接缝均应填缝密封，填缝材料不得开裂、挤出或缺失。填缝材料开裂、挤出或缺失的接缝均应局部清除，重新填缝密封。

11.1.4 各级公路行车道与超车道面层表面应制作细观抗滑纹理和宏观抗滑构造，不得遗留光滑的表面。纹理和构造深度应均匀一致。

11.1.5 各种水泥混凝土面层、隧道路面、桥面铺筑完成后，均应立即开始保湿养生，养生龄期应满足强度增长的要求。

11.2 接缝施工

11.2.1 当一次铺筑宽度小于面层加硬路肩总宽度时，应按设计设置纵向施工缝。纵向施工缝宜采用平缝加拉杆型。

11.2.2 水泥混凝土面层纵向缩缝施工应符合下列规定：

1 采用滑模摊铺机施工时，纵向施工缝的拉杆宜采用支架法安设，也可采用侧向拉杆液压装置一次推入。

2 采用固定模板施工时，应从侧模预留孔中插入拉杆并振实。

3 插入的侧向拉杆应牢固，避免松动和漏插。拉杆握裹强度应按附录G实测，不满足规定要求时应钻孔重新设置拉杆。

11.2.3 增强钢纤维混凝土面层切割纵、横缝中可不设拉杆与传力杆；断开的纵、横施工缝中应设拉杆与传力杆。抗裂纤维混凝土面层各种接缝中的拉杆与传力杆设置应与水泥混凝土面层相同。

条文说明

增强钢纤维混凝土面层纤维含量足够高，切割纵、横缝中的钢纤维或玄武岩纤维足以拉住面板并提供足够传荷能力。因此，增强钢纤维混凝土面层切开的纵、横缩缝中满足不设拉杆与传力杆的条件。断开的纵、横施工缝中无钢纤维，应设拉杆和传力杆。各种抗裂纤维混凝土面层所配纤维数量极为有限，不足以代替拉杆及传力杆，应与水泥混凝土路面一样，其横向施工缝和纵向缩缝中应按设计要求设置传力杆与拉杆。

11.2.4 每天摊铺结束或摊铺中断时间超过30min时，应设置横向施工缝。横向施工缝在缩缝处可采用平缝加传力杆型。

11.2.5 横向施工缝与胀缝重合时，应按胀缝施工，胀缝两侧补强钢筋笼宜分两次安装。

11.2.6 在中、轻交通荷载等级水泥混凝土面层上，临近胀缝、自由端、收费站广场等局部缩缝的传力杆设置应使用前置钢筋支架法。不得采用设置精度不满足要求的方式设置传力杆。

11.2.7 角隅部位的传力杆与拉杆交叉时，应取消交叉部位拉杆，保留传力杆。

11.2.8 胀缝板应与路中心线垂直，并连续贯通整个面板宽度，缝中完全不连浆。

11.2.9 高温期施工时，顺直路段中可根据设计要求减少胀缝的设置。春秋季施工时，两端构造物间距大于500m时，宜在顺直路段中间设一道或若干道胀缝。低温期施工时，两端构造物间距大于350m时，宜设置顺直路段胀缝。

条文说明

胀缝用于释放面层累积的膨胀隆起变形量。胀缝的膨胀量取决于面层混凝土粗集料温缩系数、施工当时气温与夹年最高温度的温差值，以及面层底部摩擦约束阻力。高温期施工的混凝土面层，在高温期膨胀量很小，因此可减少胀缝的设置。

11.2.10 胀缝的施工应符合下列规定：

1 采用前置钢筋支架法施工时，应预先准确安装和固定胀缝钢筋支架，并使用手持振捣棒振实胀缝板两侧的混凝土后，再摊铺。也可采用预留两块面板的方法，在气温接近年平均气温时再封铺。

2 应在混凝土未硬化时，剔除胀缝板上部的混凝土，嵌入（20～25mm）×20mm的木条，整平表面。填缝前，应剔除木条，再粘胀缝多孔橡胶条或填缝。

3 胀缝板应连续完整，胀缝板两侧的混凝土不得相连。

11.2.11 拉杆、胀缝板、传力杆及其套帽设置精度应符合表11.2.11的规定。

表11.2.11 拉杆、胀缝板、传力杆及其套帽设置精度

项　　目	允许偏差（mm）	测 量 位 置
传力杆端上下左右偏斜	10	在传力杆两端测量
传力杆深度及左右位置偏差	20	以板面为基准测量
传力杆沿路面纵向前后偏位	30	以缝中心线为准
拉杆端及在板中上下左右偏差	20	杆两端和板面测量
拉杆沿路面纵向前后偏位	30	纵向测量
胀缝传力杆套帽偏差（长度≥100mm）	10	从封堵帽端起测
胀缝板倾斜偏差	20	以板底为准
胀缝板的弯曲和位移偏差	10	以缝中心线为准

11.2.12 缩缝的切缝应根据当地昼夜温差，参照表11.2.12选用适宜的切缝方式、时间与深度，切缝时间应以切缝时不啃边为开始切缝的最佳时机，并以铺筑第二天及施工初期无断板为控制原则。

表11.2.12 当地昼夜温差与缩缝适宜切缝方式、时间与深度参考表

昼夜温差[a]（℃）	缩缝切缝方式与时间[b]	缩缝切割深度
<10	硬切缝：切缝时机以切缝时不啃边即可开始，纵缝可略晚于横缝，所有纵、横缩缝最晚切缝时间均不得超过24h	缝中无拉杆、传力杆时，深度1/3～1/4板厚，最浅60mm；缝中有拉杆、传力杆时，深度1/3～2/5板厚，最浅80mm
10～15	软硬结合切缝：每隔1～2条提前软切缝，其余用硬切缝补切	硬切缝深度同上。软切深度不应小于60mm；不足者应硬切补深到1/3板厚，已断开的缝不补切
>15	软切缝：抗压强度为1～1.5MPa，人可行走时开始软切。软切缝时间不应超过6h	软切缝深度不应小于60mm，未断开的接缝，应硬切补深到≥2/5板厚

注：[a]当降雨、刮风引起路面温度骤降时，应提早软切缝或硬切缝。
[b]三种切缝方式均应冲洗干净切缝泥浆，并恢复表面养生覆盖。

11.2.13 纵、横缩缝切缝形状为台阶状时，宜使用磨圆角的台阶叠合锯片一次切成。设备受限制时，也可分两次切割，再磨出半径为6～8mm的圆角。

11.2.14 纵、横缩缝切割顺直度应小于10mm。相邻板的纵、横缩缝切口应接顺。需调整异形板锐角时，可切成斜缝或小转角的折线缝。弯道与匝道面层的横缝应垂直于其设计中心线。

11.2.15 分幅铺筑面层时，应在先摊铺的混凝土板已断开的横缩缝处作标记。后摊铺面层上应对齐已断开的横缩缝采用软切缝的工艺，提前切缝。

11.2.16 钢筋混凝土面层的切缝不得切到钢筋。各种纤维混凝土面层软切缝时，不得抽出纤维，刮伤边角。

11.2.17 灌缝前应清洁接缝。清洁接缝宜采用飞缝机清除接缝中夹杂的砂石、凝结的泥浆等杂物。灌缝前缝内及缝壁应清洁、干燥，以擦不出水、泥浆或灰尘为可灌缝标准。

11.2.18 水泥混凝土路面缩缝的灌缝形状系数宜为1.5，钢筋混凝土、连续配筋混凝土面层、过渡板、搭板与桥面的灌缝形状系数宜为1.0。

条文说明

填缝料灌得越深，其上下表面的拉应变越大，耐用年限越短。美国ACPA相关指南中规定填缝的形状系数为1.0。因此灌缝形状系数由原规范规定的2.0降低为1.0~1.5。

11.2.19 缩缝灌缝应符合下列规定：

1 灌缝时，应先按设计嵌入直径9~12mm的多孔泡沫塑料背衬条或橡胶条。

2 用双组分或多组分常温填缝料时，应准确按比例将几种原材料混拌均匀后灌缝，每次准备量不宜超过1h，且不应超过材料规定的操作时间。

3 使用热石油沥青、改性沥青或橡胶沥青灌缝时，应加热融化至易于灌缝温度，搅拌均匀，并保温灌缝。

4 灌缝应饱满、均匀、厚度一致并连续贯通，填缝料不得缺失、开裂和渗水。

5 高温期灌缝时，顶面应与板面刮齐平；一般气温时，应填刮为凹液面形，中心宜低于板面3mm。

11.2.20 常温施工式填缝料的养生期，低温期宜为24h，高温期宜为10h。加热施工式填缝料的养生期，低温期宜为2h，高温期宜为6h。在灌缝料固化期间应封闭交通。

11.2.21 胀缝填缝前，应凿除胀缝板顶部临时嵌入的木条，并清理干净，涂黏结剂后，嵌入专用多孔橡胶条或灌进适宜填缝料。当胀缝宽度与多孔橡胶条宽度不一致或有啃边、掉角等现象时，应采用灌料填缝，不得采用多孔橡胶条填缝。

11.3 抗滑构造施工

11.3.1 细观纹理的施工应符合下列规定：

1 细观纹理宜在精平后的湿软表面，使用钢支架拖挂1～3层叠合麻布、帆布等布片拖出。布片接触路面的长度宜为0.7～1.5m，细度模数较大的粗砂，接触长度宜取小值；细度模数较小的细砂，接触长度宜取大值。

2 用抹面机修整过较干硬的光面，可采用较硬的竹扫帚扫出细观纹理。

3 已经硬化后的光滑表面可采用钢刷刷毛、喷砂打毛、喷钢丸打毛、稀盐酸腐蚀、高压水射流等方式制作细观纹理。

11.3.2 极重、特重和重交通荷载等级公路水泥混凝土面层应采用刻槽法制作宏观抗滑构造。中、轻交通荷载等级公路水泥混凝土面层可使用拉槽法制作宏观抗滑构造。

11.3.3 在水平弯道路段、桥面、隧道路面宜使用纵向槽。当组合坡度小于3%时，要求减噪的路段可使用纵向槽。组合坡度大于或等于3%的纵坡路段，应使用横向槽。

条文说明

本条规定了宏观抗滑构造槽的方向，纵向槽的侧向力系数较大，安全性较高，噪声较小；缺点是在大纵坡路段，摩擦系数略显不足，且明流排水速度较慢。横向槽反之。本细则此次修订扩大了纵向槽的应用范围。最大限度地发挥纵、横槽各自优点，提升高速行车安全性。

11.3.4 采用刻槽法制作宏观抗滑构造时，刻槽机最小刻槽宽度不应小于500mm。衔接距离与槽间距相同。刻槽过程中应避免槽口边角损坏，不得中途抬起刻槽机或改变刻槽方向。刻槽不得刻穿纵、横缩缝。刻槽后表面应随即冲洗干净，并恢复路面的养生。

11.3.5 软拉宏观抗滑构造时，待面层混凝土泌水后，应及时采用齿耙拉槽。衔接距离应与槽间距相同，并始终保持一致，不得局部缺失。软拉后的表面砂浆应清扫干净。

11.3.6 矩形槽槽深宜为3～4mm，槽宽宜为3～5mm，槽间距宜为12～25mm。采用变间距时，槽间距可在规定尺寸范围内随机调整。

11.3.7 路面结冰地区，可采用上宽6mm、下宽3mm的梯形槽或上宽6mm的半圆形槽。

11.3.8 当面层粗集料的磨光值PSV大于42时，可使用露石抗滑构造，其施工应符合下列规定：

1 宜采用在饰面后的表面喷洒超缓凝剂，再用刷毛机洗刷出粗集料的方法。二级以下公路也可使用硬度适宜的秃竹扫帚在初凝到终凝时段内扫洗出粗集料的方法。

2 露石面积宜控制在65%～75%。

3 实测表面摩擦系数SFC和构造深度TD应达到表13.2.1特殊路段的抗滑要求。

条文说明

2 由于水泥混凝土路面振捣密实采用插入振捣棒，滑模摊铺机上亦为间隔排列的纵向振捣棒组，振捣棒周围的粗集料沉入较深，振捣棒之间粗集料沉入较浅，如果要求粗集料与碾压路面那样全部裸露，势必在表面形成沟槽或坑槽，从而丧失其高平整度。所以规定露石面积宜为70%±5%，不可将粗集料全部洗刷裸露，允许粗集料沉入较深处局部表面为砂浆。

11.3.9 制品厂生产公路预制混凝土砌块时，应在砌块上表面压制出宏观抗滑构造，并应满足表13.2.1中一般路段的抗滑构造深度要求。

条文说明

混凝土砌块路面砌筑前已经是强度与养生龄期均已达到的硬化制品，车行道砌块上表面不得缺失宏观抗滑构造，并应在制品厂内制作。

11.4 面层养生

11.4.1 面层养生应合理选择养生方式，保证混凝土强度增长的需要，防止养生过程中产生微裂纹与裂缝。

11.4.2 面层养生应符合下列规定：

1 高速公路、一级公路混凝土面层宜采用养护剂加覆膜养生。

2 现场养生用水充足的情况下，可采用节水保湿养护膜、土工毡、土工布、麻袋、草袋、草帘等养生，并及时洒水保湿养生。

3 缺水条件下，宜采用覆盖节水保湿养护膜养生，并应洒透第一遍养生水。

11.4.3 养护剂的喷洒应符合下列规定：

1 喷洒应均匀，喷洒后的表面不得有颜色差异。成膜厚度应满足产品要求，并足以形成完全密闭水分的薄膜。

2 养护剂的喷洒宜在表面抗滑纹理做完后即刻进行。刚铺筑的湿软混凝土面层遭遇刮风或暴晒天气，摊铺现场水分蒸发率接近0.50kg/（h·m^2），开裂风险较大时，可提前喷洒养护剂养生。

3　喷洒高度宜控制在0.10～0.30m之间。现场风大时，可采用全断面喷洒机贴近路面喷洒的方式喷洒。

4　养护剂的现场平均喷洒剂量宜在试验室测试剂量基础上，一等品再增加不小于40%，合格品增加不小于60%。

5　不得使用易被雨水冲刷掉的、阳光暴晒可融化的或引起表面开裂、卷起薄壳的养护剂。

条文说明

4　做养护剂试验时，表面均为光滑平面，而路表面存在细观抗滑纹理，是粗糙表面，表面砂颗粒是裸露突起状态，突起砂粒尖端应有足够厚的养护剂薄膜才能将其彻底覆盖，而不蒸发丢失水蒸气。

5　养护剂喷洒后，若被水冲刷掉、可融化或开裂、卷起，对混凝土表层强度、表面抗磨耐久性、耐疲劳性等有严重影响。发现有上述情况养护剂，规定不得使用。

11.4.4　覆盖保湿养护膜应符合下列规定：

1　覆盖养生的初始时间，应为不压坏表面细观抗滑纹理的最短时间。

2　养护膜材料的最窄幅宽不宜小于2m。

3　两条膜层对接时，纵向搭接宽度不宜小于400mm，横向搭接长度不宜小于200mm。养生期间应始终保持薄膜完整盖满。

4　应有专人巡查养护膜覆盖完整情况。养生期间被掀起或撕破的养护膜、养生片材均应及时重新洒水，并完整覆盖。

5　当现场瞬间风力大于4级时，宜在养护膜表面罩绳网或土工格栅，并压牢固，防止养护膜被大风吹破。

11.4.5　低温期或夏季夜间气温有可能低于零度的高原、山区施工水泥混凝土路面和桥面时，应采取保温保湿双重养生措施。保温养生材料可选用干燥的泡沫塑料垫、棉絮片、苇片、草帘等。养生期间遭遇降雨时，应在保温片材上、下表面采取包覆隔水膜层等防水措施。

11.4.6　实测混凝土强度大于设计强度的80%后，可停止养生。不同气温条件下混凝土面层的最短养生龄期可参照表11.4.6确定。

表11.4.6　不同气温条件下最短养生龄期参考表（d）

养生期间日平均气温（℃）	隧道内水泥混凝土与纤维混凝土面层	水泥混凝土、碾压混凝土、配筋混凝土、纤维混凝土面层及隔离式加铺层	钢筋混凝土、钢筋纤维混凝土桥面、结合式加铺层
5～9[a]	21	21	24

续上表

养生期间日平均气温（℃）	隧道内水泥混凝土与纤维混凝土面层	水泥混凝土、碾压混凝土、配筋混凝土、纤维混凝土面层及隔离式加铺层	钢筋混凝土、钢筋纤维混凝土桥面、结合式加铺层
10～19	14	14	21
20～29	12	10	14
30～35	8	7	10

注：1. 各级公路水泥混凝土面层不得在日间零下气温大面积铺筑。
2. 当在各种面层混凝土中掺加粉煤灰时，最短养生龄期宜再延长7d。
[a]在日平均气温5℃～9℃养生时，应同时采取保温保湿双重覆盖养生措施。

11.4.7 面层养生初期，人、畜、车辆不得通行，达到设计弯拉强度40%后，可允许行人通行。

11.4.8 平交道口应采取搭建临时便桥等措施保护养生期的混凝土面层。

11.4.9 面层达到设计弯拉强度后，方可开放交通。

12 特殊天气条件施工

12.1 一般规定

12.1.1 水泥混凝土面层铺筑期间，应收集当地月、旬、日天气预报资料。高速、一级公路宜在现场设置简易气象站。遭遇危害路面铺筑质量的灾害性天气和气象要素时，应进行及时观测与快速通报，并制订特殊天气的专项施工组织方案和应急处理预案。

12.1.2 水泥混凝土面层施工如遇下列天气条件之一者，必须停工，不得强行铺筑：

1 现场降雨或下雪。

2 风力达到6级及6级以上的强风天气。

3 现场气温高于40℃，或拌合物摊铺温度高于35℃。

4 摊铺现场连续5昼夜平均气温低于5℃或夜间最低气温低于-3℃。

12.1.3 施工过程中，铺筑现场发生影响铺筑面层质量的瞬间强风、下雷阵雨或冰雹时，应即刻停工。

12.2 雨期施工

12.2.1 雨期施工时，应准备足量的防雨篷、帆布和塑料布或塑料薄膜等防雨器材和材料。防雨篷支架宜采用可推行的焊接钢结构，其高度应满足人工饰面、拉槽的要求。

12.2.2 摊铺中遭遇阵雨时，应立即停止混凝土拌和及铺筑工作，并使用防雨篷、塑料布或塑料薄膜覆盖尚未硬化的水泥混凝土面层。

12.2.3 水泥混凝土面层因阵雨冲刷导致平整度与抗滑构造不满足要求时，应采用先磨平恢复平整度，再刻槽恢复抗滑构造措施处置。被暴雨冲刷后，路面与桥面局部成坑部位或边部冲毁的，应铲除重铺。

12.2.4 开工前应排除现场、车厢内、设备内、拌和站、集料堆场内的积水或淤泥。运输便道应排除积水；陷车的运输道路与便道应进行修整。摊铺前应清扫干净基层、夹层、封层上的积水，并保持表面处于湿润状态。

12.3 刮风天施工

12.3.1 刮风天施工时，宜采用风速计在摊铺现场测风速，也可根据经验采用观测自然现象等方法，确定风级，并根据经验采取防止塑性收缩开裂的措施。经验不足时，可参考表12.3.1的规定进行。

表12.3.1 刮风天防止水泥混凝土面层塑性收缩开裂措施参考表

风 力	风速（m/s）	相应自然现象	防止路面塑性收缩开裂措施
1级软风	≤1.5	烟能表示风向，水面有鱼鳞波	正常施工，喷洒一遍养护剂，原液剂量0.40kg/m^2
2级轻风	1.6～3.3	人面有风感，树叶沙沙响，风标转动，水面波峰破碎，产生飞沫	加厚喷洒一遍养护剂，剂量0.50kg/m^2
3级微风	3.4～5.6	树叶和细枝摇晃，旗帜飘动，水面波峰破碎，产生飞沫	路面摊铺完成后，立即喷洒第一遍养护剂，刻槽后，再喷洒第二遍养护剂。两遍剂量共0.60kg/m^2
4级和风	5.7～7.9	吹起尘土和纸片，小树枝摇动，水波出白浪	刻槽前后用喷洒机喷两遍养护剂，两遍剂量共0.75kg/m^2
5级清劲风	8.0～10.7	有叶小树开始摇动，大浪明显，波峰起白沫	使用抹面机抹面或人工收浆后，用喷洒机加厚喷一遍剂量1.0 kg/m^2 养护剂并覆盖节水保湿养护膜、土工毡、湿麻袋、湿草袋等
6级强风	10.8～13.8	大树枝摇动，电线呼呼响，水面出现长浪，波峰吹成条纹	停止施工

12.3.2 刮风天应加强混凝土拌和站粗、细集料的覆盖及其含水率检测，并根据粗、细集料含水率的变化及时微调加水量。自卸车上的混凝土拌合物应加遮盖。

12.3.3 持续刮4～5级风天施工水泥混凝土路面和桥面时，应采取下列防裂措施：

1 尽快喷洒足量养护剂，喷洒机宜具有相对密闭的低矮喷洒空间，保证养护剂喷洒效果。

2 当覆盖材料不压出折印时，应尽早覆盖节水保湿养生材料等保湿养生。养护膜表面宜罩绳网或土工格栅，并压牢，防止养护膜被大风吹破或掀起。

3 养生过程中，应有专人负责巡视和检查覆盖养生情况，被大风掀起或吹破的养生膜材应重新洒水，及时恢复覆盖。

12.4 高温期施工

12.4.1 铺筑现场连续4h平均气温高于30℃或日间最高气温高于35℃时，应按本节高温期施工的技术要求进行水泥混凝土面层施工。

12.4.2 高温期宜选择在早晨、傍晚或夜间施工，避开中午高温时段施工。夜间施工应有良好的操作照明，并确保施工安全。

12.4.3 集料堆应设遮阳篷。搅拌用水宜采用新抽地下冷水或在水中加冰屑降温。应选用中、低热普通型水泥，不宜使用R型高热水泥。高温期施工配合比可掺适量的粉煤灰，不得掺硅灰。可采用适当的缓凝剂延长混凝土凝结时间。

12.4.4 采用自卸车运输时，混凝土拌合物应加遮盖，避免阳光直射；采用罐车运输时，混凝土罐仓外应贴隔热层。

12.4.5 应加快施工各环节的衔接，采取压缩运输、布料、摊铺、饰面等各工艺环节所耗费的时间等措施，缩短从拌和至抹面完成时间。

12.4.6 在每日气温最高和日照最强烈时段施工时，应采取防止阳光直射措施。可以利用防雨篷遮挡阳光。

12.4.7 高温期施工时，应控制混凝土拌合物的出料温度低于35℃。

12.4.8 施工中应随时检测气温，以及水泥、搅拌水和拌合物温度，监控水泥混凝土面层温度，温度过高时应及时采取措施。必要时，可增加对混凝土水化热的检测。

12.4.9 采用洒水覆盖保湿养生时，应控制养生水温与混凝土面层表面的温差不大于12℃、与混凝土桥面的温差不大于10℃。不得采用冰水或冷水养生造成骤冷而导致表面开裂。

条文说明

规定养生水温与表面温差的目的是避免造成冷冲击，引发面层施工期间开裂。

12.4.10 切缝应按不啃边或不超过250℃·h控制，高温期宜采用比常温施工提早切缝的措施，以减少断板。在夜间降温幅度较大时或风雨后，应提早切缝。

12.5 低温期施工

12.5.1 当铺筑现场连续5昼夜平均气温高于5℃，夜间最低气温在 -3℃ ~5℃之间时，应按本节低温期施工的技术要求进行水泥混凝土面层施工。

12.5.2 拌合物中宜加入早强剂、防冻剂或促凝剂，并根据试验确定其适宜掺量。应选用R型水泥。配合比中可掺矿渣粉、硅灰，不宜掺粉煤灰。

12.5.3 拌合物出搅拌机的温度不得低于10℃，摊铺混凝土温度不得低于5℃。可采用热水或加热集料搅拌混凝土，热水温度不得高于80℃，集料温度不宜高于50℃。

12.5.4 应采取保温保湿覆盖养生的方法进行养生。保温垫上、下表面均宜采取隔水措施。

12.5.5 施工过程中应随时监测气温，以及水泥、搅拌水和集料温度，每工班应至少实测3次拌合物及面层温度。养生期间，应始终保持混凝土板内最低温度不低于10℃。

12.5.6 水泥混凝土面层弯拉强度未达到1.0MPa前，混凝土桥面抗压强度未达到5.0MPa前，应严防路面和桥面受冻。

12.5.7 低温期施工，各级公路水泥混凝土路面、桥面覆盖保温保湿最短养生龄期不得短于表11.4.6第一行的规定。

12.5.8 低温期施工拆模时间应符合表8.2.14的规定。

13 施工质量标准与控制

13.1 一般规定

13.1.1 混凝土路面施工应建立健全的施工质量保证体系，对施工全过程进行全面的质量控制。

13.1.2 应按铺筑工艺与进度要求，配备足量质检仪器设备和人员。对面层施工各工艺环节的各项质量标准应做到及时检测，根据检测结果对施工进行动态控制，保证施工各项质量指标合格、稳定。

13.1.3 水泥混凝土面层施工过程中应采取有效措施，严防出现质量缺陷。铺筑过程中发现质量缺陷时，应加大检测频率，必要时应停工整顿，查找原因，提出处置对策，恢复到正常铺筑工况和良好质量状态再继续施工。

13.1.4 施工关键工序宜拍摄照片或进行录像，作为现场记录保存。

13.1.5 施工结束后，应清理现场，处理废弃物，恢复耕地或绿化，做到工完场清。

13.2 水泥混凝土路面质量标准

13.2.1 水泥混凝土路面铺筑质量标准及检查项目、频率和方法应符合表13.2.1的规定。

条文说明

与原规范相比，表13.2.1中进行了下列修订：

(1) 为了确保各级水泥混凝土路面在高速行车条件下的安全性，增补第5项检测摩擦系数SFC的要求。

(2) 应黑龙江等水泥混凝土路面冻害严重的严寒省区要求，在水泥混凝土路面质量检验指标中增加取芯法测定混凝土抗冻等级的要求，试验检测采用JTG E30 T0552规定的快冻法。定抗冻等级时，按冻融循环次数低值确定。例如，当冻融循环次数在150～200次之间时，定为抗冻等级150。

(3) 通过广东、广西、湖南、黑龙江、内蒙古等水泥混凝土路面大省的充分调研，将高速公路、一级公路动态平整度进行了适当调整，由 $\sigma \leqslant 1.2$ 调整为 $\sigma \leqslant 1.32$；IRI≤2.0 调整为 IRI≤2.2。二级及二级以下公路水泥混凝土路面的平整度也相应进行了调整，3m 直尺静态小波长的平整度未变化。

表 13.2.1　水泥混凝土路面铺筑质量标准及检查项目、频率和方法

项次	检查项目		质量标准：高速公路、一级公路	质量标准：其他公路	检查频率：高速公路、一级公路	检查频率：其他公路	检查方法
1	弯拉强度[a]	标准小梁弯拉强度（MPa）	按附录 H 评定		每班留 2～4 组试件，日进度＜500m 留 2 组；≥500m 留 3 组；≥1 000m 留 4 组，测算 f_{cs}、f_{min}、C_v[b]	每班留 1～3 组试件，日进度＜500m 留 1 组；≥500m 留 2 组；≥1000m 留 3 组，测算 f_{cs}、f_{min}、C_v[b]	JTG E30 T0552、T0558
		路面钻芯劈裂强度换算弯拉强度（MPa）			每车道每 3km 钻取 1 个芯样，单独施工硬路肩为 1 个车道，测算 f_{cs}、f_{min}、C_v[b]	每车道每 2km 钻取 1 个芯样，单独施工硬路肩为 1 个车道，测算 f_{cs}、f_{min}、C_v[b]	JTG E30 T0552、T0561
2	板厚度（mm）		平均值≥－5；极值≥－15，C_v 值符合设计规定		路面摊铺宽度内每 100m 左右各 2 处，连接摊铺每 100m 单边 1 处	路面摊铺宽度内每 100m 左右各 1 处，连接摊铺 100m 单边 1 处	板边与岩芯尺测，岩芯最终判定
3	纵向平整度	σ[c]（mm）	≤1.32	≤2.00	所有车道连续检测		车载平整度检测仪
		IRI[c]（m/km）	≤2.20	≤3.30			
		3m 直尺最大间隙 Δh（mm）（合格率应≥90%）	≤3	≤5	每半幅车道 100m 2 处，每处 10 尺	每半幅车道 200m 2 处，每处 10 尺	3m 直尺
4	抗滑构造深度 TD（mm）	一般路段	0.70～1.10	0.50～0.90	每车道及硬路肩每 200m 测 2 处	每车道每 200m 测 1 处	铺砂法
		特殊路段[d]	0.80～1.20	0.60～1.00			
5	摩擦系数 SFC	一般路段	≥50	—	行车道、超车道全长连续检测，每车道每 20 m 连续检测 1 个测点	一般路段免检，仅检查特殊路段，每车道每 20m 连续检测 1 个测点，不足 20m 测 1 个测点	JTG E60 T0965
		特殊路段[d]	≥55	≥50			
6	取芯法测定抗冻等级[e]	严寒地区[f]	≥250	≥200	每车道每 3km 钻取 1 个芯样	每车道每 5km 钻取 1 个芯样	JTG E30 T0552
		寒冷地区[f]	≥200	≥150			

注：[a]标准小梁弯拉强度用于评定施工配合比；钻芯劈裂强度用于评价实际面层施工密实度及弯拉强度。

[b]f_{cs} 为平均弯拉强度；f_{min} 为最小弯拉强度；C_v 为统计变异系数。

[c]动态平整度 σ 与 IRI 可选测一项。

[d]高速公路、一级公路特殊路段指立交匝道、平交口、弯道、变速车道、组合坡度不小于 3%、桥面、隧道路面及收费站广场等处；其他公路系指设超高路段、加宽弯道段、组合坡度大于或等于 4% 坡道段、交叉口路段、桥面及其上下坡段、隧道路面及集镇附近路段等处。

[e]取芯法测定抗冻性仅在有抗冰冻要求的地区必检。

[f]严寒地区指当地最冷月平均气温低于－8℃的地区；寒冷地区指当地最冷月平均气温在－8℃～－3℃的地区。

13.2.2 高速公路和一级公路应按附录H对各项主要质量指标的检测数据进行动态质量管理；其他等级公路宜按附录H对各项主要质量指标的检测数据进行动态质量管理。

13.2.3 水泥混凝土面层铺筑几何尺寸质量标准及检查项目、频率和方法应符合表13.2.3的规定。

表13.2.3 水泥混凝土面层铺筑几何尺寸质量标准及检查项目、频率和方法

<table>
<tr><th rowspan="2">项次</th><th rowspan="2" colspan="2">检查项目</th><th colspan="3">质量标准</th><th colspan="2">检查频率</th><th rowspan="2">检查方法</th></tr>
<tr><th colspan="2">高速公路、一级公路</th><th>其他公路</th><th>高速公路、一级公路</th><th>其他公路</th></tr>
<tr><td>1</td><td colspan="2">相邻板高差(mm) ≤</td><td colspan="2">2</td><td>3</td><td>每200m纵横缝2条，每条3处</td><td>每200m纵横缝2条，每条2处</td><td>尺测</td></tr>
<tr><td rowspan="2">2</td><td rowspan="2" colspan="2">连接摊铺纵缝高差(mm)≤</td><td>平均值</td><td>3</td><td>5</td><td rowspan="2">每200m纵向工作缝，每条3处，每处间隔2m测3尺，共9尺</td><td rowspan="2">每200m纵向工作缝，每条2处，每处间隔2m测3尺，共6尺</td><td rowspan="2">尺测</td></tr>
<tr><td>极值</td><td>5</td><td>7</td></tr>
<tr><td>3</td><td colspan="2">接缝顺直度(mm)≤</td><td colspan="3">10</td><td>每200m测6条</td><td>每200m测4条</td><td>20m拉线测</td></tr>
<tr><td>4</td><td colspan="2">中线平面偏位(mm)≤</td><td colspan="3">20</td><td>每200m测6点</td><td>每200m测4点</td><td>经纬仪测</td></tr>
<tr><td>5</td><td colspan="2">路面宽度(mm) ≤</td><td colspan="3">±20</td><td>每200m测6处</td><td>每200m测4处</td><td>尺测</td></tr>
<tr><td>6</td><td colspan="2">纵断高程(mm)</td><td colspan="2">平均值±5；极值±10</td><td>平均值±10；极值±15</td><td>每200m测6点</td><td>每200m测4点</td><td rowspan="2">水准仪测</td></tr>
<tr><td>7</td><td colspan="2">横坡度（%）</td><td colspan="2">±0.15</td><td>±0.25</td><td>每200m测6个断面</td><td>每200m测4个断面</td></tr>
<tr><td>8</td><td colspan="2">路缘石顺直度和高度(mm) ≤</td><td colspan="2">20</td><td>20</td><td>每200m测4处</td><td>每200m测2处</td><td>20m拉线测</td></tr>
<tr><td>9</td><td colspan="2">灌缝饱满度(mm) ≤</td><td colspan="2">2</td><td>3</td><td>每200m接缝测6处</td><td>每200m接缝测4处</td><td>测针加尺测</td></tr>
<tr><td rowspan="2">10</td><td rowspan="2">最浅切缝深度(mm) ≥</td><td>缝中有拉杆、传力杆</td><td colspan="2">80</td><td>80</td><td rowspan="2">每200m测6处</td><td rowspan="2">每200m测4处</td><td rowspan="2">尺测</td></tr>
<tr><td>缝中无拉杆、传力杆</td><td colspan="2">60</td><td>60</td></tr>
</table>

条文说明

与原规范相比，表13.2.3中将切缝深度修改为最浅切缝深度。导致断板的首要原因不是平均切缝深度，而是局部最浅切缝深度。

13.2.4 水泥混凝土面层铺筑的质量缺陷检查项目、标准、频率和方法应符合表13.2.4的规定。

表 13.2.4　水泥混凝土面层铺筑的质量缺陷检验项目、标准、频率和方法

项次	检查项目	检查标准		检查频率		检查方法
		高速公路、一级公路	其他公路	高速公路、一级公路	其他公路	
1	断板率[a]（%）≤	0.2	0.4	数断板面板块数占总块数比例	数断板面板块数占总块数比例	数断板
2	断角率[a]（%）≤	0.1	0.2	数断角板块数占总块数比例	数断角板块数占总块数比例	数断角
3	破损率[b]（%）≤	0.2	0.3	计算破损面积与板块面积百分率	计算破损面积与板块面积百分率	尺测面积
4	路表面和接缝缺陷	不应有	不应有	每块面板坑穴、鼓包和每条接缝啃边、掉角及填缝料缺失、开裂	每块面板坑穴、鼓包和每条接缝啃边、掉角及填缝料缺失、开裂	眼睛观察
5	胀缝板倾斜（mm）≤	20	25	每块胀缝板两侧	每块胀缝板两侧	垂线加尺测
	胀缝板弯曲和位移（mm）≤	10	15	每块胀缝板 3 处	每块胀缝板 3 处	拉线加尺测
	胀缝板连浆（mm）	不允许	不允许	每块胀缝板	每块胀缝板	安装前检查
6	传力杆偏斜（mm）≤	10	13	每车道每公里测 4 条缩缝每条测 1 根	测设传力杆缩缝 1 条，每条测 3 根	钢筋保护层仪

注：[a]断板率中包含断角率，应统计行车道与超车道面板，不计硬路肩板，不计入修复后的面板。
[b]破损率指水泥混凝土面层施工期发生的脱皮、印痕、露石、缺边、掉角、微裂纹等缺陷实测面积与总面积之比的百分率。

条文说明

随着极重交通荷载等级的出现和基层强度、刚度的提高，水泥混凝土路面断角率明显增多，特别是到了竣工验收时。仅检测与控制断板率已不足以全面衡量面板的断裂状况，因此提出断角率的技术要求。

13.2.5　各级公路水泥混凝土面层在施工过程中宜用 3m 直尺检测与控制平整度指标。

13.2.6　各级公路面层弯拉强度应采用标准小梁试件评定，采用钻芯取样圆柱体劈裂强度换算的弯拉强度验证。检测标准小梁弯拉强度后，宜用试件完好部分实测劈裂强度与抗压强度。每种弯拉强度应按附录 H.1 进行评定，弯拉强度统计的变异系数应符合

表4.2.2-3的规定。

13.2.7 路面板钻芯、圆柱体劈裂强度与标准小梁弯拉强度试验与强度换算可按下列规定进行：

1 高速公路、一级公路应通过试验得到各自工程的统计公式，用于确定统计公式的试验组数不宜少于15组。试验时，试件水泥用量的变动范围宜为±50kg/m³；如强度离散性满足统计要求，可将ϕ150mm×150mm钻芯圆柱体和浇筑圆柱体、150mm×150mm×150mm立方体三者同龄期的劈裂强度视为等同。

2 二级及二级以下公路混凝土面板钻芯劈裂强度与标准小梁弯拉强度可根据粗集料岩石品种和类型，分别按下列公式换算得出。

石灰岩、花岗岩碎石混凝土

$$f_c = 1.868 f_{sp}^{0.871} \quad (13.2.7\text{-}1)$$

玄武岩碎石混凝土

$$f_c = 3.035 f_{sp}^{0.423} \quad (13.2.7\text{-}2)$$

砾石混凝土

$$f_c = 1.607 + 1.035 f_{sp} \quad (13.2.7\text{-}3)$$

式中：f_c——混凝土标准小梁弯拉强度（MPa）；

f_{sp}——混凝土直径150mm钻芯圆柱体的劈裂强度（MPa）。

条文说明

1 为获得劈裂强度与弯拉强度的统计换算关系，特编写3点试验要求：

（1）足够统计的试验组数不宜少于15组，是提高统计关系曲线可靠度与可信度所必需的。

（2）试验统计公式时，如果只使用施工配合比，试验点将聚集成一条垂直线，所反映的是试验误差的最大波动范围，不可能得到试验曲线。因此要求水泥用量变化幅度为±50kg/m³，但必须包含施工配合比中的水泥用量。

（3）光弹试验所显示的劈拉应力迹线表明：ϕ150mm×150mm钻芯圆柱体和浇筑圆柱体、150mm×150mm×150mm立方体三者同龄期的应力水平与劈裂强度是相同的。因此，允许其强度离散性满足统计要求的前提下，视为三者等同。

2 二级及二级以下公路混凝土面板钻芯劈裂强度与标准小梁弯拉强度统计换算关系式［式（13.2.7-1）～式（13.2.7-3）］，已经使用几十年。大量数据表明，其弯拉强度的换算精度满足二级及二级以下公路面层钻芯换算弯拉强度的精度要求。

13.2.8 水泥混凝土面层弯拉强度合格评判应符合下列规定：

1 当标准小梁与钻芯平均弯拉强度合格值、最小值和统计变异系数均符合规定者，通过弯拉强度评定。

2 当局部路面标准小梁弯拉强度不足时，应每公里每车道加密钻取3个以上芯样，实测劈裂强度，重新换算弯拉强度，钻芯统计弯拉强度满足要求者，通过弯拉强度评定。

3 标准小梁与钻芯均不满足要求者，应返工重铺弯拉强度不符合要求的局部面板。

13.2.9 板厚应采用面层边缘的平均厚度、板中钻芯平均厚度及其变异系数三项指标综合判定，钻芯平均厚度应满足表13.2.1的规定，板厚统计变异系数应符合《公路水泥混凝土路面设计规范》（JTG D40—2011）表3.0.2的规定。

13.2.10 当无损检测或单侧边缘检测发现局部板块厚度平均值不满足表13.2.1的规定时，应在该板中间钻芯，判明板厚不足区段。当局部面板平均板厚偏差超过表13.2.1极值时，应返工重铺。

13.2.11 当弯拉强度或板厚不足、返工凿除面板时，应避免扰动临近面层。损坏的上基层、夹层或封层应重新铺设。

13.2.12 高速公路、一级公路应对所有行车道与超车道连续检测摩擦系数，二级及二级以下公路应检测特殊路段的摩擦系数。各级公路硬路肩可免检摩擦系数。高速公路、一级公路硬路肩可仅检构造深度，其他公路硬路肩可免检构造深度。

13.2.13 局部抗滑性能不足的路段，可重新打磨细观纹理和硬刻抗滑沟槽，进行摩擦系数与抗滑构造的恢复。

13.2.14 隧道内各级公路水泥混凝土路面的质量检测、评定和验收要求与本节公路水泥混凝土面层相同。当检测隧道内水泥混凝土路面摩擦系数不满足要求时，应采取措施恢复。

13.3 水泥混凝土桥面铺装质量标准

13.3.1 各级公路桥面混凝土抗压强度的检测与评定应符合下列规定：

1 立方体抗压强度应采用室内标准试件（150mm×150mm×150mm），并在标养室养生28d。单幅桥面每100m不应少于3组；单幅桥面每50m不应少于2组；单幅桥面小于50m不应少于1组。

2 桥面混凝土应实测28d标准立方体抗压强度，当组数不少于10组时，应按式（13.3.1-1）和式（13.3.1-2）计算平均抗压强度、最小抗压强度与标准差，评定抗压强度。

$$f_{cue} \geqslant f_{cuk} + \lambda_1 S_n \quad (13.3.1\text{-}1)$$

$$f_{min} \geqslant \lambda_2 f_{cue} \quad (13.3.1\text{-}2)$$

式中：f_{cue}——统计平均抗压强度（MPa）；

f_{cuk}——设计抗压强度标准值（MPa）；

f_{min}——统计最小抗压强度（MPa）；

S_n——抗压强度标准差（MPa）；当 $S_n<2.5$MPa 时，取 2.5MPa；

λ_1、λ_2——合格评定系数，按表 13.3.1 取用。

表 13.3.1 混凝土抗压强度的合格评定系数

试件组数 n	λ_1	λ_2
10～14	1.15	0.90
15～19	1.05	0.85
20 以上	0.95	

3 当组数少于 10 组时，可采用非统计方法，按式（13.3.1-3）和式（13.3.1-4）评定抗压强度：

$$f_{cue} \geqslant 1.15 f_{cuk} \tag{13.3.1-3}$$

$$f_{min} \geqslant 0.95 f_{cue} \tag{13.3.1-4}$$

13.3.2 当桥面钻芯取样评定混凝土抗压强度时，每 50m 单幅桥面可钻取 1 组钻芯，不足 50m 应取 1 组钻芯，实测 56d ± 5d 芯样 ϕ150mm 钻芯圆柱体抗压强度。芯样实测抗压强度的统计与评定应符合本细则第 13.3.1 条的规定。钻芯抗压试验方法应符合现行《公路工程水泥及水泥混凝土试验规程》（JTG E30）T0554 的规定。

13.3.3 立方体与芯样抗压强度均不满足要求者，应返工重铺抗压强度不符合要求的局部桥面。

13.3.4 除抗压强度外，水泥混凝土桥面铺装层质量标准及检查项目、频率和方法应符合表 13.3.4 的规定。

表 13.3.4 水泥混凝土桥面铺装层质量标准及检查项目、频率和方法

<table>
<tr><th rowspan="2">项次</th><th rowspan="2" colspan="2">检查项目</th><th colspan="2">质量标准</th><th rowspan="2">检查频率</th><th rowspan="2">检查方法</th></tr>
<tr><th>高速公路、一级公路</th><th>其他公路</th></tr>
<tr><td>1</td><td colspan="2">平均厚度值（mm）</td><td colspan="2">+20，−5</td><td>每 10m 两边各测 1 处，计入钻芯</td><td>尺测</td></tr>
<tr><td rowspan="3">2</td><td rowspan="3">纵向平整度</td><td>σ^a（mm）</td><td>≤1.50</td><td>≤2.50</td><td rowspan="2">所有桥面车道连续检测，每 100m 测 1 次</td><td rowspan="2">车载平整度检测仪</td></tr>
<tr><td>IRI^a（m/km）</td><td>≤2.50</td><td>≤4.20</td></tr>
<tr><td>3m 直尺最大间隙 Δh（mm）（合格率应≥90%）</td><td>≤3</td><td>≤5</td><td>每车道 100m 测 2 处，每处 10 尺</td><td>3m 直尺</td></tr>
<tr><td>3</td><td colspan="2">抗滑构造深度（mm）</td><td>0.80～1.20</td><td>0.60～1.00</td><td>每车道桥面 50m 测 1 处，不足 50m 应测 1 处</td><td>铺砂法</td></tr>
<tr><td>4</td><td colspan="2">摩擦系数 SFC</td><td>≥55</td><td>≥50</td><td>每车道桥面 20m 测 1 处，不足 20m 应测 1 处</td><td>JTG E60 T0965</td></tr>
</table>

续上表

项次	检查项目		质量标准		检查频率	检查方法
			高速公路、一级公路	其他公路		
5	抗冻等级[b]	严寒地区	≥250	≥200	每座桥面预留1组抗冻试样	JTG E30 T0565
		寒冷地区	≥200	≥150		
6	伸缩缝与桥面、路面高差		≤2mm	≤3mm	跨每条伸缩缝测5尺	直尺测量
7	桥面表面及各种接缝		不得有坑洞，缺边掉角等破损现象		每块桥面板与每条接缝	眼睛观测
8	横坡度		±0.15%		每100m单幅桥面	拉线尺测

注：小桥涵铺装桥面者，应符合本表规定；小桥涵顶面有基层者，应符合路面的规定。
[a]动态平整度 σ 与IRI可选测一项。
[b]抗冻等级仅在有抗冰冻要求的地区必检。

13.3.5 桥面的泄水孔槽附近不得积水、堵水，在半径150mm范围内应有顺畅的排水坡度。

条文说明

排水不畅，积水后将严重影响行车安全和桥面的抗冻耐久性，特规定桥面泄水孔槽在半径150mm范围内应有顺畅的排水坡度。

13.4 碾压混凝土面层的质量标准

13.4.1 碾压混凝土面层除应符合本细则第13.2节其他公路的各项质量标准要求外，尚应符合表13.4.1的补充质量标准及检查项目、频率和方法的规定。

表13.4.1 碾压混凝土面层的补充质量标准及检查项目、频率和方法

项次	检查项目	质量标准		检查频率	检查方法
		高速、一级公路下面层	其他公路面层		
1	压实度平均值（%） 最小值（%）	≥97.0 ≥95.0		每台班检测3次	钻芯检测
2	纵向平整度最大间隙平均值（mm）	≤4.0 合格率应≥85%	≤5.0 合格率应≥85%	每车道200m，2处10尺	3m直尺
3	横向平整度平均值（mm）	≤5.0 合格率应≥85%	≤6.0 合格率应≥85%	每车道200m，2处5尺	3m直尺
4	接缝缺边掉角（mm^2/m）	≤20		每200m随机测4m接缝	尺测

13.4.2 碾压混凝土面层弯拉强度评定应符合本细则第13.2节的相关规定。试件成型方法应符合现行《公路工程水泥及水泥混凝土试验规程》(JTG E30)T0552的要求。

13.5 混凝土砌块路面质量标准

13.5.1 混凝土砌块路面铺砌质量标准及检查项目、频率和方法应符合表13.5.1的规定。

表13.5.1 混凝土砌块路面铺砌质量标准及检查项目、频率和方法

项次	检查项目	质量标准	检查频率			检查方法
			范围[a]		点数	
1	平整度(mm)	≤5.0	100m	路宽5m	5	3m直尺测
				路宽5~15m	10	
				路宽≥15m	15	
2	宽度(mm)	±20	100m		3	尺测
3	纵断高程(mm)	±10	100m		5	用水准仪测
4	纵、横坡度(%)	±0.25	100m		5	用水准仪测
5	接缝宽度(mm)	±1.0	100m		3	尺测
6	相邻块高差(mm)	≤2.0	100m		3	尺测
7	与井框高差(mm)	≤5.0	每个		每个	尺测

注:[a] 每公里每车道全面检测100m。

13.5.2 混凝土砌块路面路缘基座施工质量标准及检查项目、频率和方法应符合表13.5.2的规定。

表13.5.2 混凝土砌块路面路缘基座施工质量标准及检查项目、频率和方法

项次	检查项目	质量标准	检查频率		检查方法
			范围	点数	
1	抗压强度(MPa)	符合第13.3.1条规定	300m	1组3块	JTG E30 T0553
2	预制尺寸高宽长(mm)	±10	500块	1组3块	尺测
3	浇筑安装尺寸(mm)	±10	500m	两侧各1点	尺测
4	顺直度和高程(mm)	≤20	200m	两侧各20m 2处	尺测
5	勾缝饱满度(mm)	≤3	200m	两侧各20m 1处	尺测
6	中线偏位(mm)	≤10	500m	两侧各1点	尺测
7	缺边掉角(mm)	≤20	500m	两侧各1点	尺测
8	裂缝、断块率(%)	1.0	1 000m	两侧各100m 1处	数块尺测

13.5.3 公路混凝土砌块路面铺砌质量应进行下列检验、修整与评定：

1 砌块路面铺成，用10t压路机碾压时，不得有明显轮迹，且砌块不应有裂缝、压断或压碎现象。凡压裂、压断或压碎的砌块均应替换为完整的合格砌块。

2 铺成的砌块路面与构造物边缘和两侧路缘基座相接等部位应在降雨后不积水，保持排水通畅。凡低洼积水部位，均应重新铺砌，并处理好排水。

3 修整后符合要求者，可通过评定。

13.6 附属混凝土构造物的施工质量标准

13.6.1 路缘石、路肩石、护栏、浅碟形排水沟的混凝土抗压强度检测与评定应分别符合本细则第13.3.1、13.3.2条的规定。

13.6.2 混凝土路缘石、路肩石、护栏、浅碟形排水沟施工外观质量标准及检查项目、频率和方法应符合表13.6.2的规定。

表13.6.2 混凝土路缘石、路肩石、护栏、浅碟形排水沟施工质量标准（mm）

项次	检查项目	滑模摊铺或现浇允许偏差	预制拼装允许偏差	检查频率	检查方法
1	平整度 ≤	4	5	每200m测4尺	3m直尺测
2	顺直度 ≤	5	10	每200m测4处	20m拉线
3	宽度 ≤	±4	±5	每200m测4处	尺量
4	相接顶面高差 ≤	2	—	每200m测4处	水准仪
5	相接缝宽 ≤	±2	—	每200m测4处	尺量
6	相邻两块高差 ≤	—	3	每200m测4处	水平尺或尺测
7	相邻两块缝宽 ≤	—	±3	每200m测4处	尺量

附录 A　混凝土拌合物振动黏度系数试验方法

A.1　目的和适用范围

本方法用于测定最大粒径不大于 31.5mm 的水泥混凝土拌合物振动黏度系数，也适用于测定坍落度小于 25cm、维勃时间不大于 15s 的新拌砂浆、纤维混凝土和贫混凝土拌合物的振动黏度系数。

A.2　仪器设备

A.2.1　振动器

1　标准振动台，负载下的振幅 0.35mm，空载时的振幅 0.5mm；振动频率每分钟 3 000次 ±200 次。

2　维勃工作度仪振动台，工作频率 50Hz，空载振幅 0.5mm。

A.2.2　容器

1　金属圆筒，内径 300mm ±3mm，高 250mm，壁厚 3mm，底厚 7.5mm。容器不应漏水并有足够刚度，上有把手。

2　金属圆筒，内径 240mm ±3mm，高 200mm，壁厚 3mm，底厚 7.5mm。容器不应漏水并有足够刚度，上有把手。底部外伸部分可用螺母将其固定在维勃振动台上。

A.2.3　捣实器

底部直径 80mm，厚度 6mm，其上开 10mm 孔洞 8 个；手柄直径 16mm，高度 280mm，固定为整体。

A.2.4　秒表

应至少能够精确记录两个时间值。

A.2.5　测尺

游标卡尺，精度 0.01mm。钢尺，精确到 1mm，长度 300mm。

A.2.6 小球：10 只，小球的质量 $m_b=2.45$g；小球直径：$D=3.7936$cm。

A.2.7 电子秤或磅秤：量程 100kg，精度 1g。

A.2.8 其他：镘刀、小铲、木尺、铁锹等。

A.3 试验步骤

A.3.1 用电子秤称出容器的质量 m_0（kg）。

A.3.2 在容器底部放入小球两只，间距 100mm；然后分 3 层装混凝土拌合物，每层用捣实器捣 25 次，第一层装入时不应使小球位置变化；最后一层应抹平。捣实时，应防止拌合物及容器产生振动。

A.3.3 开启振动台。用标准振动台时，将装好混凝土拌合物的容器放在振动台中部，同时开启秒表，记录两只小球完全振出混凝土拌合物的时间 T_1、T_2（s），精确到 0.01s。用维勃振动台时，必须将容器与振动台的固定螺丝上紧，使振动台与容器联结成整体。当两只小球的振动浮出时间相差 15% 时，应重做试验。

A.3.4 将装混凝土拌合物的容器取下振动台，称量 m_2（kg），测量混凝土拌合物距离上沿不同位置的高度 H_1、H_2、H_3、H_4、H_5（cm），计算平均值 $h=(H_1+H_2+H_3+H_4+H_5)/5$。

A.4 试验结果计算

A.4.1 求出容器内混凝土拌合物的高度 H（cm）：

$$H = H_0 - h \tag{A.4.1}$$

式中：H_0——圆筒内高度（cm）；

H——容器内混凝土拌合物高度（cm）；

h——混凝土拌合物距离容器上沿高度平均值（cm）。

A.4.2 计算混凝土拌合物的质量 m（kg）和密度 ρ_c（kg/cm³）：

$$m = m_2 - m_0 \tag{A.4.2-1}$$

$$\rho_c = \frac{m}{V} \tag{A.4.2-2}$$

$$V = \pi R^2 H \tag{A.4.2-3}$$

式中：m——混凝土拌合物的质量（kg）；

m_2——混凝土拌合物与容器的总质量（kg）；
m_0——容器的总质量（kg）；
ρ_c——混凝土拌合物的密度（kg/cm^3）；
V——容器的体积（cm^3）；
R——容器的半径（cm）；
H——容器的高度（cm）。

A.4.3 计算小球的密度 ρ_b（kg/cm^3）：

$$\rho_b = \frac{m_b}{V_b} \tag{A.4.3-1}$$

小球的体积

$$V_b = \frac{\pi D^3}{6} \tag{A.4.3-2}$$

式中：ρ_b——小球的密度（kg/cm^3）；
m_b——小球的质量（kg）；
V_b——小球的体积（cm^3）；
D——小球的直径（cm）。

A.4.4 求出两只小球振动浮出的平均时间：

$$t = \frac{t_1 + t_2}{2} \tag{A.4.4}$$

式中：t——两只小球完全振出混凝土拌合物的平均时间（s）；
t_1、t_2——两只小球完全振出混凝土拌合物的时间（s）。

A.4.5 按下式计算混凝土拌合物振动黏度系数：

$$\eta = \frac{2r^2 gt(\rho_c - \rho_b)}{9H} \tag{A.4.5}$$

式中：η——混凝土拌合物振动黏度系数（$N \cdot s/cm^2$）；
r——小球半径（cm）；
g——重力加速度，$9.8m/s^2$；
t——两只小球振动浮出混凝土拌合物的平均时间（s）；
H——小球浮出混凝土拌合物中的高度（cm）；
ρ_c、ρ_b——分别为混凝土拌合物和小球的密度（kg/cm^3）。

A.5 试验结果处理

A.5.1 取相同配合比和试验条件的混凝土拌合物3次试验的平均值作为振动黏度系

数的测量值，当其中单个试验结果的误差超过平均值的 15% 时，应剔除；当两个数据的误差均超过 15% 时，应重做试验。

A.5.2 如果用同一批混凝土拌合物连续做 3 次试验时，应控制混凝土拌合物出搅拌机 45min 内完成，超过 45min，应重新拌和相同的混凝土拌合物，重做未完成的试验。

A.5.3 混凝土拌合物的拌和应采用搅拌机，不宜采用人工拌和；拌和好的混凝土拌合物应堆好并覆盖塑料布防止水分蒸发。

A.5.4 混凝土原材料的取样、称量、拌和、试验室温度和湿度等控制与现行《公路工程水泥及水泥混凝土试验规程》（JTG E30）T0551 相同。

附录 B　取芯测定混凝土抗冻性及气泡间距系数方法

B.1　取芯法测定混凝土抗冻性

B.1.1　目的及适用范围

用于测定实际水泥混凝土路面或混凝土结构物的抗冻性。

B.1.2　仪器设备

1　取芯机：宜采用轻便型混凝土取芯机。

2　取芯钻头：宜选用人造金刚石薄壁钻头。

3　切割机：可选用岩石切割机，切割方式有手动和自动两种。

B.1.3　试件制备

1　制备混凝土抗冻性芯样试件，其直径不宜小于100mm。标准芯样试件长度与直径比，不宜小于4；非标准芯样试件长度与直径比，不宜小于1。

2　在制取抗冻性芯样试件时，还应制备3个直径70mm、高度70mm抗压强度试件。

3　测量芯样试件的几何尺寸：

（1）直径：用游标卡尺测量试件中部，在相互垂直的两个位置上测量两次，计算其平均值，精确至0.5mm。沿试件高度任一直径相差不宜大于2.0mm。

（2）高度：用钢板尺测量，精确至1.0mm，高度为路面层厚度。

（3）垂直度：用游标量角器测量两个端面与轴线的夹角，精确至0.10°，试件端面与轴线的夹角不应超过2°。

4　几何尺寸不符合要求的芯样试件应经过处理，否则，不能用于试验。

B.1.4　试验步骤

1　测量标准芯样试件长度、质量、动弹性模量及进行外观描述，必要时测定声速。

2　测量非标准芯样试件质量及进行外观描述，必要时测定声速。

3　按现行《公路工程水泥及水泥混凝土试验规程》（JTG E30）T0525“混凝土抗冻性试验（快冻法）”进行抗冻性试验。

4　标准芯样试件的抗冻性评定按相对动弹性模量和质量损失率进行；非标准芯样试件的抗冻性以质量损失率进行评定。

5 在试验完毕的试件上，钻取3个直径70mm、高径比为1的抗压强度试件，与第B.1.3条第2款制备的抗压强度试件同时进行抗压强度试验，计算抗压强度损失率。

B.2 取芯法测定混凝土气泡间距系数

B.2.1 目的及适用范围

测定混凝土芯样的空气含量、气泡比表面积和间距系数等气泡参数。评价水泥混凝土路面、桥面及混凝土结构的引气性能、抗冰冻性、抗盐冻性或鉴定等，也适用于实际结构物的抗冻性调查。

B.2.2 仪器设备

1 钻芯取样设备：与第B.1.2条规定相同。

2 测孔显微镜：放大倍率为80~128倍，具有目镜测微尺和物镜测微尺。目镜测微尺最小读数为10μm；载物台应能横向、纵向移动；配有显微镜照明灯、聚光型灯。

3 其他：切片机、磨片机、抛光机。

B.2.3 试件制备

现场试样取样点，路面为表面和表面下50mm，桥面为表面和表面下30mm。芯样试件宜在制取抗冻性试验的同一芯样切片上制取。

B.2.4 试验步骤

1 每组试样至少3个，最小观测总面积和最小总导线长度应符合表B.2.4的规定。

表B.2.4 最小观测总面积和最小总导线长度

粗集料最大粒径（mm）	最小观测总面积（mm^2）	最小总导线长度（mm）
40	17 000	2 600
31.5	11 000	2 500
19.0	7 000	2 300
9.5	6 000	1 000

注：如混凝土内集料或大孔隙分布很不均匀，应适当增大观测面积。1个芯样中取2个试样时，截取2个试样间距应大于1/2集料最大粒径。

2 将硬化混凝土片锯下后，刷洗干净，分别采用400号或800号金刚砂仔细研磨。每次磨完后刷洗干净，再进行下次研磨。最后在固定呢毡的抛光机转盘上，涂刷三氧化二铬进行抛光，再刷洗干净，在105℃±5℃的烘箱中烘干，然后置于测孔显微镜下试测。当强光低入射角照射在观测面上，观测到在表面除了气孔截面和集料孔隙外，基本是平的，且气泡边缘清晰并能测出尺寸为10μm的气泡截面时，即认为该观测面已处理完毕。

3　视角应与浇筑面垂直。观测前用物镜测微尺校准目镜测微尺刻度，在观测面两端，附贴导线间距标志，使选定的导线在观测面范围内。调整目镜位置，使十字丝的横丝与导线重合，然后用目镜测微尺截取每个气泡的弦长刻度值，亦可增测气泡截面直径，逐条观测导线，直至测完规定的总导线长度。

B.2.5　试验结果计算：

根据直线导线法观测的数据，按下列式计算各参数：

气泡平均弦长

$$m_l = \sum l/N \tag{B.2.5-1}$$

气泡比表面积

$$\alpha = 4/m_l \tag{B.2.5-2}$$

气泡平均半径

$$m_r = 3m_l/4 \tag{B.2.5-3}$$

硬化混凝土中的空气含量

$$a = \sum l/T \tag{B.2.5-4}$$

1 000mm^3 混凝土中的气泡个数

$$n_v = (3/4\pi)a/m_r^3 \tag{B.2.5-5}$$

10mm 导线切割的气泡个数

$$n_l = 10N/T \tag{B.2.5-6}$$

当混凝土中浆气比 P/a 大于或等于 4.33 时，气泡间距系数按下式计算：

$$L = 3a[1.49(P/a+1)^{1/3}-1]/n_l \tag{B.2.5-7}$$

当混凝土中浆气比 P/a 小于 4.33 时，气泡间距系数按下式计算：

$$L = P/(4n_l) \tag{B.2.5-8}$$

式中：m_l——气泡平均弦长（mm）；

$\sum l$——全导线切割的气泡弦长总和（mm）；

N——全导线切割的气泡总个数；

α——气泡比表面积（mm^2/mm^3）；

m_r——气泡平均半径（mm）；

n_v——1 000mm^3 混凝土中的气泡个数；

a——硬化混凝土中的空气含量（体积比,%）；

T——导线总长（mm）；

P——混凝土中水泥净浆含量（体积比，不包括空气含量）；

n_l——平均每 10mm 导线切割的气泡个数；

L——气泡间距系数（mm）。

计算结果取 3 位有效数字。

附录C　混凝土面层抗盐冻试验方法

C.1　适用范围

本方法用于测定混凝土表面单位面积的盐冻剥落量，适用于评价混凝土表面撒除冰盐条件下抵抗盐冻剥蚀的能力。

C.2　试验设备与用品

C.2.1　低温试验箱

在装满试件后，试件表面温度监控点（图C.2.1）的温度应能在2h内从室温降至－20℃，并保证试件中心温度低于－10℃。当升温时，监控点的温度应能在1.5h内，从－20℃升至15℃以上。

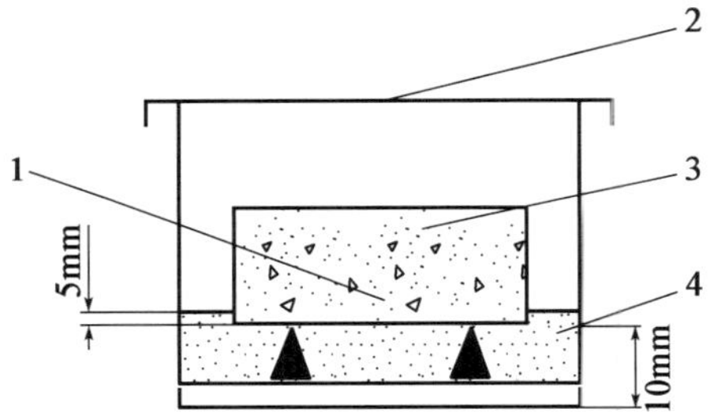

图C.2.1　盐冻试验示意图

1-温度监控点；2-容器盖；3-混凝土试件；4-4% NaCl溶液

C.2.2　测温仪器

采用热电偶测量冻融过程中试件表面温度监控点的温度变化时，精度应能达到0.2℃以上。采用其他测温仪表时，应以热电偶测温法为准进行标定。

C.2.3　烘箱

烘箱应能自动控制温度，并在105℃±5℃下连续、稳定地24h工作。

C.2.4　电子天平

电子天平的精度应达到0.01g。

C.2.5　试验容器

试验容器应能在－20℃下耐冻。

C.2.6　盐溶液

盐溶液为NaCl，浓度为4%。

C.3 试件要求

C.3.1 要求测定的表面积和样品数

对每种配合比的混凝土，应至少测 5 个数据，测定总表面积应大于或等于 0.05m^2。

C.3.2 试件制备

1 盐冻试验时，混凝土的测定面应为成型面，不得用切割面。对试验室成型的混凝土，测定面应为成型垂直侧面。成型时，应尽可能不在模具表面刷脱模剂。成型养生 1d 后，试件脱模并放入 20℃ ±2℃的水中养生 28d。

2 对来自工程或混凝土预制构件的试件，测定面应为混凝土的实际使用表面。取样时，测定面应没有脱模剂。否则，在对构件进行评估时，应考虑脱模剂对测定结果的影响。试件厚度可为 5 ~ 15cm。

C.4 试验步骤

C.4.1 试件处理条件

对试验室成型试件，按第 C.3.2 条规定养生 28d 后，先把试件表面清洗干净，并用湿布把试件表面擦干，然后进行盐冻试验。对来至工程钻芯取样或混凝土预制构件的试件，盐冻试验前应至少在 20℃ ±2℃水中浸泡 7d，然后把试件表面清洗干净，并用湿布把试件表面擦干。

C.4.2 冻融试验准备

试件经上述处理后，按图 C.2.1 要求做好盐冻试验前准备工作。

C.4.3 冻融试验要求

冻融试验制度和试件温度控制点的温度应符合下列条件：

1 混凝土试件每次冻融循环应在 6h 内完成，其中融化时间为 2.5h，冻结时间为 3.5h。

2 混凝土试件从 15℃降至 -20℃所用时间不得大于 2h，并保证试件中心冻结温度低于 -10℃； -20℃升至 15℃所用时间不得大于 1.5h。

C.5 剥落量测定与计算

C.5.1 剥落碎屑的收集

在收集剥落碎片时，应尽可能避免未接触盐溶液的试件表面剥蚀碎片被收集进来，每次剥蚀碎片收集工作完成后，试件其他表面上的剥蚀碎片用自来水冲洗干净。将收集起来的碎片在105℃下烘干至恒量，该值即为剥落物的质量。

C.5.2 剥落量计算

1 剥落量应以每块试件 n 次盐冻试验前、后单位表面积的质量损失（kg/m^2）表示，并用式（C.5.2）计算：

$$M_n = \frac{\sum S_n}{A} \tag{C.5.2}$$

式中：M_n—— n 次循环后的单位面积的剥落量（kg/m^2）；

S_n——n 次循环后的累计剥落物质量（kg）；

A——试件接触盐溶液的表面积（m^2）。

2 计算5块试件的算数平均值，为所测试混凝土的平均剥落量。

C.5.3 提前停止试验者可判定为不合格

在每4～8次盐冻循环后，宜测定一次剥落量。试件尚未达到30次盐冻循环，当5块试件测试与计算的平均剥落量大于或等于1.0kg/m^2时，可停止盐冻循环试验，提前评定为不合格。

附录D 混凝土拌合物中纤维体积率试验方法

D.1 适用范围

本方法适用于测定纤维混凝土拌合物中纤维所占的体积百分率，即纤维体积率。

D.2 试验设备

D.2.1 容量筒：钢制容积5L；直径和筒高均为186mm±2mm，壁厚3mm。

D.2.2 托盘天平：称量2kg，感量2g。

D.2.3 台秤：称量100kg，感量50g。

D.2.4 振动台：频率50Hz±3Hz，空载振幅0.5mm±0.1mm。

D.2.5 震槌：质量1kg的木槌。

D.3 检测步骤

D.3.1 拌合物按下列规定装料并振实：

1 拌合物坍落度小于50mm时，分两层装料，每层用振动台振实，振实时间视拌合物液化、摊平表面为止。

2 拌合物坍落度大于或等于50mm时，分两层装料，每层沿侧壁四周均匀敲振30次；敲毕，底部垫直径16mm钢棒，左右交错颠击地面15次。

D.3.2 倒出拌合物，钢纤维边水洗，边用磁铁搜集纤维；其他纤维边水洗，边用镊子仔细挑拣出每根纤维。

D.3.3 将搜集纤维在105℃±5℃温度下烘干至恒量，冷却至室温后称其质量，精确至2g。

D.4 试验结果计算与处理

D.4.1 纤维体积率计算

1 纤维体积率按式（D.4.1）计算：

$$V_{sf} = \frac{m_{sf}}{\rho_{sf} V} \times 100 \tag{D.4.1}$$

式中：V_{sf}——纤维体积率（%）；

m_{sf}——容量筒中纤维质量（g）；

V——容量筒容积（L）；

ρ_{sf}——纤维密度（kg/m^3）。

D.4.2 试验结果处理

1 两次测定值的平均值即为纤维体积率。两次测定的偏差应小于平均值的5%，否则结果无效，应重新检测。

2 水洗法检验纤维体积率的误差不应超过配合比要求的纤维体积率的±15%。

附录 E　早期抗裂性试验方法

E.1　适用范围

本方法适用于测试水泥混凝土、纤维混凝土试件在诱导开裂条件下的早期抗裂性能，也可用于纤维混凝土与水泥混凝土在相同条件下的抗裂性对比检测与评价。

E.2　试验器具

E.2.1　诱导开裂试验模具

1　尺寸：800mm × 600mm × 100mm。

2　材料：由角钢与钢板焊接而成，底板与侧板厚度不小于 5mm，模具四边与底板通过螺栓固定。

3　模具采用 50mm × 50mm 角钢平行于短边焊接 7 根裂缝诱导棱，细部尺寸如图 E.2.1 所示。

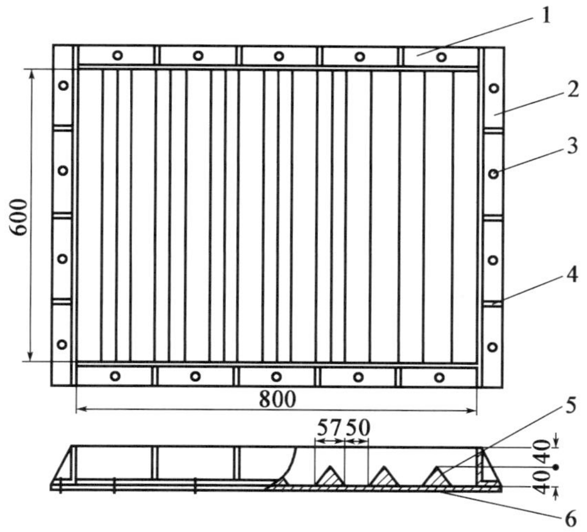

图 E.2.1　诱导开裂试验模具图（尺寸单位：mm）
1-长侧板；2-短侧板；3-螺栓；4-加强肋；5-裂缝诱导棱；6-底板

4　底板表面铺设聚乙烯薄膜或者聚四氟乙烯片做隔离层。

5　模具数量不少于 3 个。

E.2.2 电风扇1台。风扇的风速应可调，可保证试件表面中心处的风速不小于5m/s。

E.2.3 温、湿度计各1~2个，温度计精度应为±0.5℃，相对湿度计精度应为±1%。

E.2.4 风速计1个，精度应不大于±0.5m/s。

E.2.5 40倍读数放大镜1个，分度值不应大于0.01mm。

E.2.6 钢直尺1把，最小刻度应为1mm。

E.2.7 手电筒1个或其他简易照明装置，用于检测初始微细裂纹。

E.3 混凝土搅拌与浇筑

E.3.1 按计算的（纤维）混凝土的配合比，用现行《公路工程水泥及水泥混凝土试验规程》（JTG E30）规定的方法搅拌混凝土。混凝土集料最大公称粒径不应超过31.5mm。

E.3.2 将搅拌好的混凝土浇筑进符合第E.2.1条规定的模具内，用平板振捣器振捣密实，并抹平表面。每组试件至少2个。

E.4 早期开裂试验

E.4.1 试验步骤

1 试验应在温度为20℃±2℃、相对湿度为60%±5%的恒温恒湿室中进行。

2 抹面完成后即开始试验，调节风扇位置和风速吹混凝土表面，使试件表面中心正上方100mm处风速为5m/s±0.5m/s，并应使风向平行于试件表面和裂缝诱导棱。开始观察平板表面的裂缝发生过程。

3 试验时间应从混凝土搅拌加水开始计时，直至24h±0.5h试验结束。

4 裂缝长度应用钢直尺测量，取裂缝两端直线距离为裂缝长度。当一个棱口上有两条裂缝时，可将两条裂缝的长度相加，折算成一条裂缝。

5 在开始的3h内，每5min观察一次；当发现有裂纹出现后，每10min观察一次；当混凝土表面出现贯穿裂缝后，每30min观察一次。

6 裂缝宽度应采用40倍的读数放大镜进行测量，并应测量每条裂缝的最大宽度。

E.4.2 记录试件表面初裂时间，裂缝的最大宽度、长度、裂缝数量、总长及其随时间的变化。

E.4.3 平均开裂面积、单位面积的裂缝数目和单位面积上的总开裂面积应根据混凝土浇筑 24h 测量得到裂缝数据来计算。

E.5 试验结果计算

E.5.1 单位面积上的总开裂面积计算

1 每条裂缝的平均开裂面积：

$$a = \frac{1}{2N}\sum_{i}^{N} W_i \cdot L_i \tag{E.5.1-1}$$

2 单位面积的裂缝数目：

$$b = \frac{N}{A} \tag{E.5.1-2}$$

3 单位面积上的总开裂面积：

$$C = a \times b \quad (\mathrm{mm^2/m^2}) \tag{E.5.1-3}$$

式中：a——每条裂缝的平均开裂面积（$\mathrm{mm^2}$/根）；

W_i——第 i 根裂缝的最大宽度（mm）；

L_i——第 i 根裂缝的长度（mm）；

b——单位面积的裂缝数目（根/$\mathrm{m^2}$）；

N——总裂缝数目（根）；

A——平板的面积，0.36$\mathrm{m^2}$。

E.5.2 抗裂纤维混凝土裂缝降低率计算

在相同的试验条件下，与无纤维其他配合比参数相同的水泥混凝土对比抗裂纤维混凝土的裂缝降低率，可使用下列式计算：

$$\beta = \frac{A_Z - A_{ZF}}{A_Z} \times 100 \tag{E.5.2-1}$$

$$A_Z = \sum_{i=1}^{N} W_{Zi} \times L_{Zi} \tag{E.5.2-2}$$

$$A_{ZF} = \sum_{i=1}^{N} W_{ZFi} \times L_{ZFi} \tag{E.5.2-3}$$

式中：β——对比组抗裂纤维混凝土的裂缝降低率（%）；

A_Z——水泥混凝土每块试件的裂缝总面积（$\mathrm{mm^2}$）；

A_{ZF}——抗裂纤维混凝土每块试件的裂缝总面积（$\mathrm{mm^2}$）；

W_{Zi}——水泥混凝土第 i 根裂缝的最大宽度（mm）；

L_{Zi}——水泥混凝土第 i 根裂缝的长度（mm）；

N——总裂缝数目（根）；

W_{ZF_i}——抗裂纤维混凝土第 i 根裂缝的最大宽度（mm）；

L_{ZF_i}——抗裂纤维混凝土第 i 根裂缝的长度（mm）。

E.5.3 每组应以不少于两个试件的总开裂面积与裂缝降低率算术平均值作为该组对比试件的平均裂缝降低率的测定值。

附录 F　混凝土砌块试验方法

F.1　混凝土砌块抗压强度试验方法

F.1.1　试验设备

1　试验机

试验机可采用压力试验机或万能试验机。试验机的示值相对误差不应大于 ±1%。试件的预期破坏荷载值不小于试验机全量程的20%，不大于全量程的80%。

2　垫压板

钢质垫压板厚度不应小于30mm，硬度应大于HB200，表面应平整光滑，垫压板的长度和宽度根据砌块公称厚度按表F.1.1选取。

表 F.1.1　垫压板尺寸（mm）

试件公称厚度	垫压板	
	长度	宽度
≤60	120	60
80	160	80
100	200	100
≥120	240	120

F.1.2　试件

1　试件采用工程实际使用的混凝土砌块，试件数量为5块。

2　试件两个受压面应平行、平整，否则应对受压面磨平或用水泥砂浆抹面找平处理，找平厚度应不小于5mm。

F.1.3　试验步骤

1　清除试件表面的粘渣、毛刺，放入室温水中浸泡24h。

2　将试件从水中取出，用拧干的湿毛巾擦去表面附着水，放置在试验机下压板的中心位置，然后将垫压板放在试件的上表面中心对称位置，如图F.1.3所示。

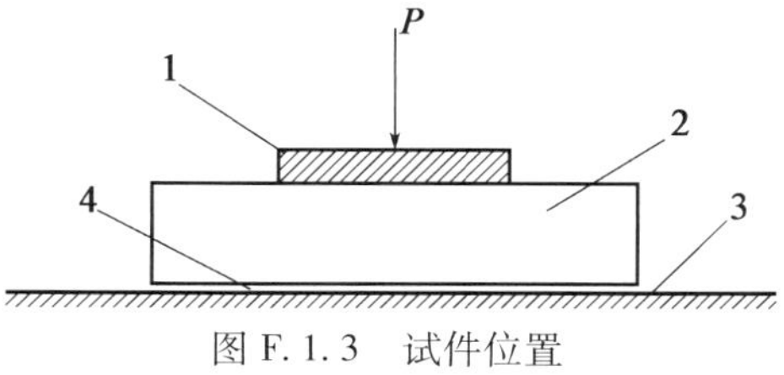

图 F.1.3　试件位置

1-垫压板；2-试件；3-试验机下压板；4-抹面找平层

3　启动试验机，匀速连续地加荷，加荷速度为0.4～0.6MPa/s，直至试件破坏，记录破坏荷载。

F.1.4　试验结果计算

抗压强度按式（F.1.4）计算：

$$R_c = \frac{P}{A} \tag{F.1.4}$$

式中：R_c——抗压强度（MPa）；

P——破坏荷载（N）；

A——试件上垫压板面积，或试件受压面积（mm^2）。

结果以5个试件抗压强度的平均值和单个试件最小值表示，计算精确至0.1MPa。

F.2　混凝土砌块的弯拉强度试验方法

F.2.1　试验设备

1　试验机

试验机可采用弯拉试验机、万能试验机或带有抗折试验架的压力试验机。试验机的示值相对误差和量程要求同第F.1.1条。

2　支座及加压棒

支座的两个支撑棒和加压棒的直径为40mm，材料为钢质，其中一个支撑棒应能够滚动并可自由调整水平位置。

F.2.2　试件

试件采用工程实际使用的混凝土砌块，数量为5块。

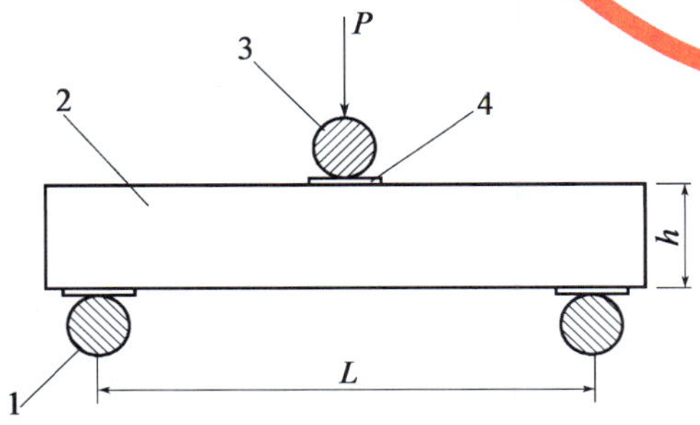

图F.2.3　试件位置

1-支座；2-试件；3-加压棒；4-胶合板垫层

F.2.3　试验步骤

1　清除试件表面的粘渣，毛刺，放入室温水中浸泡24h。

2　将试件从水中取出用拧干的湿毛巾擦去表面附着水，顺着长度方向外露表面朝上置于支座上（图F.2.3）。抗折支距为试件厚度的4倍。在支座及加压棒与试件接触面之间应垫有3～5mm厚的胶合板垫层。

3　启动试验机，匀速连续地加荷，加荷速度为0.04～0.06MPa/s，直至试件破坏，记录破坏荷载。

F. 2. 4 试验结果计算

弯拉强度按式（F. 2. 4）计算：

$$R_{\mathrm{f}} = \frac{3PL}{2bh^{2}} \tag{F. 2. 4}$$

式中：R_{f}——弯拉强度（MPa）；

P——破坏荷载（N）；

L——两支座间的中心距离（mm）；

b——试件宽度（mm）；

h——试件厚度（mm）。

结果以 5 个试件弯拉强度的平均值和单个试件最小值表示，计算精确至 0. 01MPa。

F. 3 混凝土砌块的抗冻性试验方法

F. 3. 1 试验设备

1 冷冻箱（室）：装有试件后能使冷冻箱（室）内温度保持在 -15℃$^{0}_{-5}$℃范围以内。

2 水槽：装有试件后能使水温保持在 20℃ ±10℃范围以内。

F. 3. 2 试件

试件为工程实际使用的混凝土砌块，试件数量为 10 个，其中 5 个进行冻融试验；5 个用作对比试件。

F. 3. 3 试验步骤

1 试件应进行外观检查，将缺损、裂纹处作标记，并记录其缺陷情况。随后放入温度为 20℃ ±10℃的水中浸泡 24h。浸泡时水面应高出试件约 20mm。

2 从水中取出试件，用拧干的湿毛巾擦去表面附着水，即可放入预先降温至 -15℃$^{0}_{-5}$℃的冷冻箱内，试件间隔不小于 20mm。待温度重新达到 -15℃时计算冻结时间，每次从装完试件到温度达到 -15℃所需要的时间不大于 2h。在 -15℃下的冻结时间按试件厚度而定：厚度小于 60mm 的试件为不少于 3h；厚度大于或等于 60mm 的试件为不小于 4h。然后，取出试件立即放入 20℃ ±10℃水中解冻 2h。该过程为一次冻融循环。依此法进行 25 次冻融循环。

3 完成 25 次冻融循环后，从水中取出试件，用拧干的湿毛巾擦去表面附着水，检查并记录试件表面剥落、分层、裂纹及裂纹延长的情况。然后按 F. 1 和 F. 2 进行强度试验。

F. 3. 4 试验结果计算

冻融试验后强度损失率按式（F. 3. 4）计算，试验结果计算精确到 0. 1%。

$$\Delta R = \frac{R - R_{D}}{R} \times 100 \tag{F.3.4}$$

式中：ΔR——冻融循环后的强度损失率（%）；

R——冻前试件强度的平均值（MPa）；

R_D——冻后强度的平均值（MPa）。

附录G　混凝土与钢筋握裹力试验方法

G.1　试验目的及适用范围

检验拉杆钢筋与混凝土的握裹力。

G.2　试验设备

G.2.1　试模尺寸：150mm×150mm×150mm，如图G.2.1所示。水平钢筋轴线距离模底75mm。埋入的一端嵌入模壁，并予以固定，防止钢筋下沉，另一端由模壁伸出。

G.2.2　试件夹头：两块厚度为30mm长方形钢板（250mm×150mm、45号钢），用4根直径为18mm的钢杆相连。下端钢板中央开有直径为40mm的圆孔，供试件中钢筋穿入。上端钢板附有直径为25mm的拉杆，拉杆下端套入钢板并成球面相连接，上端供万能机夹持。另附150mm×150mm×10mm的钢垫板1块，中心开有直径为40mm的圆孔，垫于试件下端与夹头的下端钢板之间，如图G.2.2所示。

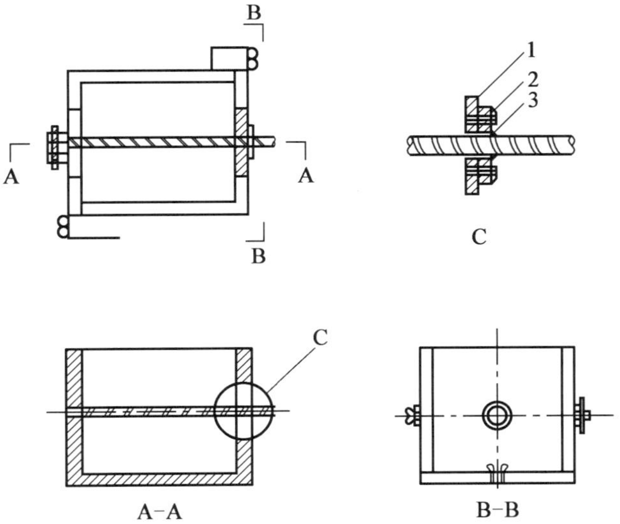

图G.2.1　握裹力试验用试模

1-模壁；2-固定圈；3-橡皮圈

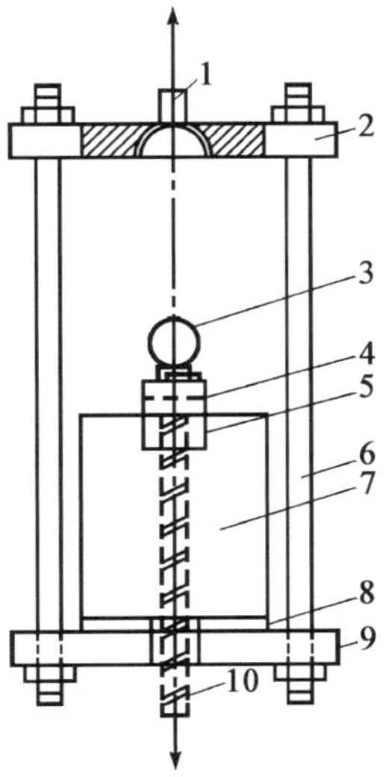

图G.2.2　握裹力试验装置示意

1-带球座拉杆；2-上端钢板；3-千分表；4-量表固定架；5-止动螺钉；6-钢杆；7-试件；8-垫板；9-下端钢板；10-埋入试件中的钢筋

G.2.3 千分表或自动应变记录仪：精度 0.001mm。

G.2.4 量表固定架：金属制成，横跨试件表面，并可用止动螺钉固定在试件上。上部中央有孔，可夹持千分表，使之直立，量杆朝下。

G.2.5 万能试验机：示值的相对误差不应大于 ±1%；其量程应使试件的预期破坏荷载值不小于全量程的 20%，也不大于全量程的 80%。

G.2.6 钢筋：检测拉杆拔除握裹力时，直接使用路面拉杆钢筋，直径与路面拉杆相同，长度 500mm。

G.3 试验步骤

G.3.1 成型前将尺寸、形状和螺纹均相同的试验所用钢筋用钢钉刷刷净，并用丙酮擦拭，不得有锈屑和油污存在。钢筋的自由端顶面应光滑平整，并与试模预留的凹洞吻合。

G.3.2 混凝土的拌和应按规定的标准方法进行。每一试验龄期制作 6 个试件。

G.3.3 安装钢筋时，钢筋自由端应嵌入模壁，穿钢筋的模壁孔应用橡皮圈和固定圈填塞固定钢筋，并不得漏浆、漏水。当需模拟扰动和松动拉杆的拔出力时，可在混凝土硬化过程中适当时间前后晃动钢筋。

G.3.4 混凝土成型和养生除应按规定标准方法执行外，尚应符合下列规定：

1 混凝土集料最大粒径不应超过 31.5mm。

2 混凝土拌合物应分两层装入，分别用振动台振实。

3 试验成型后直至试验龄期，不得碰动钢筋，拆模时间宜延长至两昼夜。拆模时，应先取下橡皮圈和固定圈，再将套在钢筋上的试模壁小心取下。

G.3.5 试件从养生地点取出后，应及时进行试验，避免试件湿度和温度发生显著变化。

G.3.6 试验时，先将试件擦拭干净，检查外观，试件不得有明显缺损或钢筋松动、歪斜。

G.3.7 将试件套上中心有孔洞的垫板，然后装入已安装在万能试验机上的试验夹头中，使万能试验机的下夹头将试件钢筋夹牢。

G.3.8 在试件上安装量表固定架，并装上千分表，使千分表杆尖端垂直朝下，与略伸出混凝土试件表面的钢筋顶面相接触。

G.3.9 加荷前应检查千分表量杆与钢筋顶面接触是否良好，千分表是否灵活，并进行适当调整。

G.3.10 记下千分表的初始读数后，即开动万能试验机，以不超过400N/s的加荷速度拉拔钢筋。每加一定荷载（1 000～5 000N）记录相应千分表读数。

G.3.11 超过下列任一情况时，应停止加荷：

1 钢筋达到屈服点。

2 混凝土发生破裂。

3 钢筋已从混凝土中拔出。

G.4 试验结果计算

G.4.1 将各级荷载下千分表读数减去初始读数，即得该级荷载下滑动变形。

G.4.2 当采用带肋钢筋时，以6个试件滑动变形的算术平均值绘出荷载—滑动变形关系曲线，以荷载为纵坐标，滑动变形为横坐标。取滑动变形0.01mm、0.05mm及0.10mm，在曲线上查出相应的荷载，此三级荷载的平均值，除以钢筋埋入混凝土中的表面积，而得握裹强度：

$$\tau = \frac{P_1 + P_2 + P_3}{3A} \quad (G.4.2\text{-}1)$$

$$A = \pi DL \quad (G.4.2\text{-}2)$$

式中：τ——钢筋握裹强度（MPa）；

P_1——滑动变形为0.01mm时的荷载（kN）；

P_2——滑动变形为0.05mm时的荷载（kN）；

P_3——滑动变形为0.10mm时的荷载（kN）；

A——埋入混凝土中的钢筋表面积（mm^2）；

D——钢筋的公称直径（mm）；

L——钢筋埋入的长度（mm）。

G.4.3 当采用光圆钢筋时，可取6个试件拔出试验时的最大荷载的平均值进行计算。

附录H 施工质量管理方法

H.1 混凝土弯拉强度评定方法

H.1.1 混凝土弯拉强度试验方法应使用标准小梁法或钻芯劈裂法，试件使用标准方法制作，标准养生时间28d，路面钻芯劈裂时间宜控制在28～56d以内，不掺粉煤灰宜用28d，掺粉煤灰宜用28～56d。各等级公路面层混凝土弯拉强度应按表13.2.1所列检查频率取样，每组3个试件平均值为一个统计数据。

H.1.2 混凝土弯拉强度的合格标准应符合下列规定：

1 试件组数大于10组时，平均弯拉强度合格判断式为：

$$f_{cs} \geqslant f_r + K\sigma \tag{H.1.2-1}$$

$$\sigma = C_v \bar{f}_c \tag{H.1.2-2}$$

式中：f_{cs}——合格判定平均弯拉强度（MPa）；

f_r——设计弯拉强度标准值（MPa）；

K——合格评定系数，按试件组数查表H.1.2；

σ——弯拉强度统计均方差，可按式（H.1.2-2）计算；

C_v——实测弯拉强度统计变异系数；

$\bar{f}_c$——实测弯拉强度统计平均值（MPa）。

表H.1.2 合格评定系数

试件组数 n	11～14	15～19	≥20
K	0.75	0.70	0.65

当试件组数为11～19组时，允许有1组最小弯拉强度小于$0.85f_r$，但不得小于$0.80f_r$。

当试件组数大于或等于20组时，高速公路和一级公路最小弯拉强度f_{min}不得小于$0.85f_r$，其他公路允许有一组最小弯拉强度f_{min}小于$0.85f_r$，但不得小于$0.80f_r$。实测弯拉强度统计变异系数C_v值不应超出表4.2.2-3规定的范围。

当试件组数小于或等于10组时，可用非统计方法评定。此时，弯拉强度应符合下列规定：

弯拉强度平均值

$$f_{cs} \geqslant 1.15f_r \tag{H.1.2-3}$$

弯拉强度最小值

$$f_{min} \geqslant 0.85f_r \quad (H.1.2-4)$$

2 实测弯拉强度统计变异系数 C_v 值应符合设计要求。

H.1.3 当标准小梁合格判定平均弯拉强度 f_{cs}、最小弯拉强度 f_{min} 和统计变异系数 C_v 中有一个数据不符合上述要求时，应在不合格路段每车道每公里钻取3个以上 ϕ150mm 的钻芯，实测劈裂强度，通过各自工程的经验统计公式换算弯拉强度，其合格判定平均弯拉强度 f_{cs} 和最小值 f_{min} 必须合格。

H.2 施工质量动态管理方法

H.2.1 施工方应以试验检测质量标准变异系数（或标准差）作为施工水平的主要评价指标，应总结施工经验，按本细则的要求建立各项施工质量标准变异系数的允许界限值，作为企业管理的目标。

H.2.2 高速公路、一级公路施工宜利用计算机建立工程质量数据库，随时将检测结果输入数据库，同时分阶段（一定日期或桩号）计算出平均值 $\bar{f}$、极差 R、标准差 S 及变异系数 C_v，汇总整理。记录的内容应包括取样地点、试验员、试验项目、试验方法、试验结果及合格与否的评定等。

H.2.3 施工质量宜采取平均值和极差管理图（$\bar{f}$-R 图，图 H.2.3-1）的方法，将试验结果逐次绘制管理图，同时随着施工的进展，绘制施工质量直方图或正态分布曲线（图 H.2.3-2）。管理图可供有关人员随时检查。当发现标准差和变异系数有增大时，应分析原因，研究对策。

H.2.4 在 $\bar{f}$-R 管理图中应以平均值 $\bar{f}$ 作为中心线 CL，并标出质控上限 UCL 和质控下限 LCL，表示允许的施工正常波动范围。当超出质控上、下限范围时，应视为施工异常或试验数据异常。中心线、质控上限、质控下限按下列式计算。

$\bar{f}$ 图中

$$\text{CL} = \bar{f} \quad (H.2.4-1)$$

$$\text{UCL} = \bar{f} + A_2R \quad (H.2.4-2)$$

$$\text{LCL} = \bar{f} - A_2R \quad (H.2.4-3)$$

R 图中

$$\text{CL} = R \quad (H.2.4-4)$$

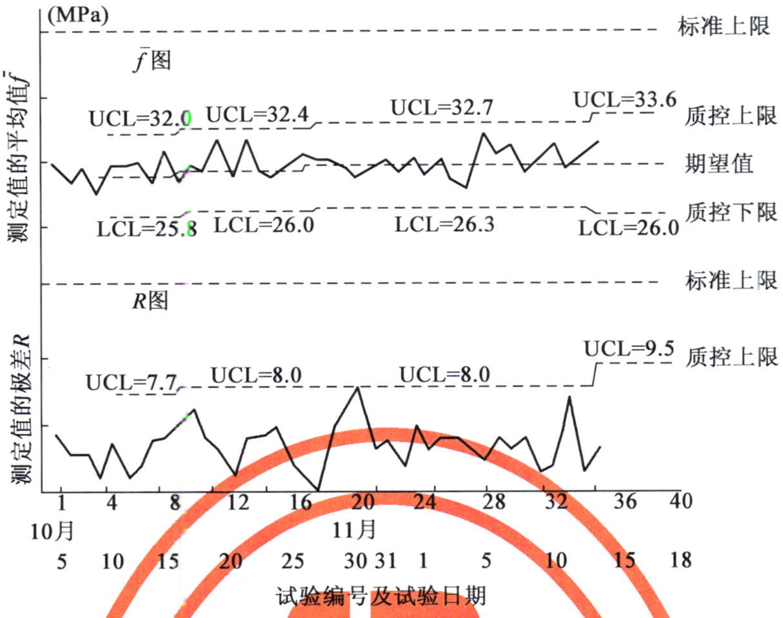

图 H. 2. 3-1 工程质量标准管理图示例（抗压强度）

注：图中每一个点为每次测定的 3 个试件的平均值 $\bar{f}$ 或极差 R。

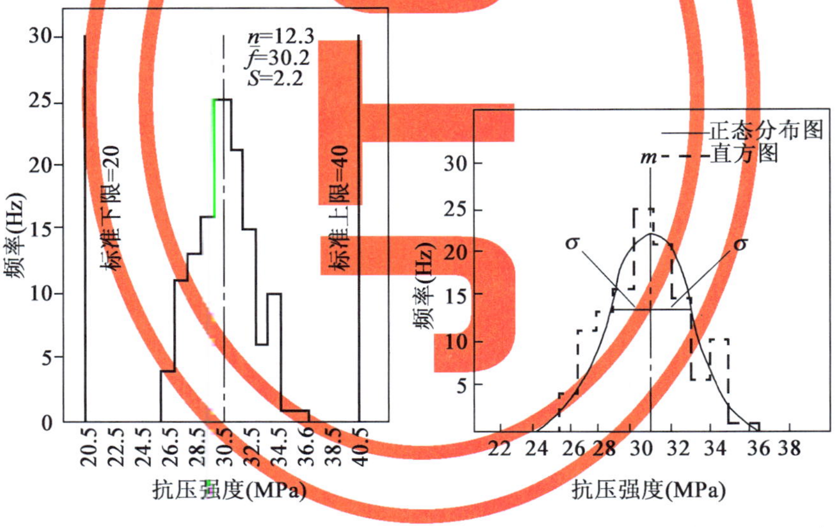

图 H. 2. 3-2 工程质量检测结果的直方图及正态分布曲线示例

$$UCL = D_4R \tag{H.2.4-5}$$

$$LCL = D_3R \tag{H.2.4-6}$$

式中：CL——$\bar{f}$-R 管理图中的中心线；

UCL——$\bar{f}$-R 管理图中的质控上限；

LCL——$\bar{f}$-R 管理图中的质控下限；

$\bar{f}$——一个阶段各组检测结果平均值 f 的平均值；

R—— 一个阶段各组检测结果的极差 R 的平均值;

A_2、D_3、D_4——由检测结果的试验组数决定的管理图用的系数，见表 H. 2. 4。

表 H. 2. 4　管理用图系数表

一次检测结果的试验次数 n	d_2	d_3	A_2	D_4	D_3
2	1. 128	0. 853	1. 880	3. 267	—
3	1. 693	0. 888	1. 023	2. 575	—
4	2. 059	0. 880	0. 729	2. 282	—
5	2. 326	0. 864	0. 577	2. 115	—
6	2. 534	0. 848	0. 483	2. 004	—
7	2. 704	0. 833	0. 419	1. 924	0. 076
8	2. 847	0. 820	0. 373	1. 864	0. 136
9	2. 970	0. 808	0. 337	1. 816	0. 184
10	3. 078	0. 797	0. 308	1. 777	0. 223
∞	—	—	$3/(d_2 n^{1/2})$	$1+3d_3/d_2$	$1-3d_3/d_2$

H. 2. 5　在 $\bar{f}$-R 管理图和直方图中可标出规定的质量标准或允许差范围。当有超出此范围，即施工不合格时，应予处理。

H. 2. 6　在 $\bar{f}$-R 管理图和直方图中可标出企业管理目标的允许范围。当有超出此范围，即施工水平下降时，应研究对策。

H. 2. 7　施工结束后，施工方宜汇总全部数据，计算出平均值、标准差及变异系数，绘制整个工程的施工质量直方图或正态分布曲线，作为下一个工程的企业管理目标。

本细则用词用语说明

1 本细则执行严格程度的用词，采用下列写法：

1）表示很严格，非这样做不可的用词，正面词采用“必须”，反面词采用“严禁”；

2）表示严格，在正常情况下均应这样做的用词，正面词采用“应”，反面词采用“不应”或“不得”；

3）表示允许稍有选择，在条件许可时首先应这样做的用词，正面词采用“宜”，反面词采用“不宜”；

4）表示有选择，在一定条件下可以这样做的用词，采用“可”。

2 引用标准的用语采用下列写法：

1）在标准总则中表述与相关标准的关系时，采用“除应符合本细则的规定外，尚应符合国家和行业现行有关标准的规定”。

2）在标准条文及其他规定中，当引用的标准为国家标准和行业标准时，表述为“应符合《××××××》（×××）的有关规定”。

3）当引用本标准中的其他规定时，表述为“应符合本细则第×章的有关规定”、“应符合本细则第×.×节的有关规定”、“应符合本细则第×.×.×条的有关规定”或“应按本细则第×.×.×条的有关规定执行”。

公路工程现行标准、规范、规程、指南一览表

（2017年11月）

序号	类别		编　　号	书名(书号)	定价(元)
1	基础		JTG A02—2013	公路工程行业标准制修订管理导则(10544)	15.00
2			JTG A04—2013	公路工程标准编写导则(10538)	20.00
3			JTJ 002—87	公路工程名词术语(0346)	22.00
4			JTJ 003—86	公路自然区划标准(0348)	16.00
5			JTG B01—2014	★公路工程技术标准(活页夹版,11814)	98.00
6			JTG B01—2014	★公路工程技术标准(平装版,11829)	68.00
7			JTG B02—2013	公路工程抗震规范(11120)	45.00
8			JTG/T B02-01—2008	公路桥梁抗震设计细则(13318)	45.00
9			JTG B03—2006	公路建设项目环境影响评价规范(13373)	40.00
10			JTG B04—2010	公路环境保护设计规范(08473)	28.00
11			JTG B05—2015	★公路项目安全性评价规范(12806)	45.00
12			JTG B05-01—2013	公路护栏安全性能评价标准(10992)	30.00
13			JTG B06—2007	公路工程基本建设项目概算预算编制办法(06903)	26.00
14			JTG/T B06-01—2007	★公路工程概算定额(06901)	110.00
15			JTG/T B06-02—2007	★公路工程预算定额(06902)	138.00
16			JTG/T B06-03—2007	★公路工程机械台班费用定额(06900)	24.00
17			交通部定额站2009版	公路工程施工定额(07864)	78.00
18			JTG/T B07-01—2006	公路工程混凝土结构防腐蚀技术规范(13592)	30.00
19			交通部2007年第30号	国家高速公路网相关标志更换工作实施技术指南(1124)	58.00
20			交通部2007年第35号	收费公路联网收费技术要求(1126)	62.00
21			交通运输部2015年第40号	★收费公路联网收费多义性路径识别技术要求(12484)	40.00
22			JTG B10-01—2014	公路电子不停车收费联网运营和服务规范(11566)	30.00
23			交通运输部2011年	公路工程项目建设用地指标(09402)	36.00
24	勘测		JTG C10—2007	★公路勘测规范(06570)	40.00
25			JTG/T C10—2007	★公路勘测细则(06572)	42.00
26			JTG C20—2011	公路工程地质勘察规范(09507)	65.00
27			JTG/T C21-01—2005	公路工程地质遥感勘察规范(0839)	17.00
28			JTG/T C21-02—2014	公路工程卫星图像测绘技术规程(11540)	25.00
29			JTG/T C22—2009	公路工程物探规程(1311)	28.00
30			JTG C30—2015	★公路工程水文勘测设计规范(12063)	70.00
31	设计	公路	JTG D20—2017	公路路线设计规范(14301)	80.00
32			JTG/T D21—2014	公路立体交叉设计细则(11761)	60.00
33			JTG D30—2015	★公路路基设计规范(12147)	98.00
34			JTG/T D31—2008	沙漠地区公路设计与施工指南(1206)	32.00
35			JTG/T D31-02—2013	★公路软土地基路堤设计与施工技术细则(10449)	40.00
36			JTG/T D31-03—2011	★采空区公路设计与施工技术细则(09181)	40.00
37			JTG/T D31-04—2012	多年冻土地区公路设计与施工技术细则(10260)	40.00
38			JTG/T D31-05—2017	黄土地区公路路基设计与施工技术规范(13994)	50.00
39			JTG/T D31-06—2017	季节性冻土地区公路设计与施工技术规范(13981)	45.00
40			JTG/T D32—2012	★公路土工合成材料应用技术规范(09908)	42.00
41			JTG D40—2011	★公路水泥混凝土路面设计规范(09463)	40.00
42			JTG D50—2017	★公路沥青路面设计规范(13760)	50.00
43			JTG/T D33—2012	公路排水设计规范(10337)	40.00
44		桥隧	JTG D60—2015	★公路桥涵设计通用规范(12506)	40.00
45			JTG/T D60-01—2004	公路桥梁抗风设计规范(13804)	40.00
46			JTG D61—2005	公路圬工桥涵设计规范(13355)	30.00
47			JTG D62—2004	公路钢筋混凝土及预应力混凝土桥涵设计规范(05052)	48.00
48			JTG D63—2007	公路桥涵地基与基础设计规范(06892)	48.00
49			JTG D64—2015	★公路钢结构桥梁设计规范(12507)	80.00
50			JTG D64-01—2015	公路钢混组合桥梁设计与施工规范(12682)	45.00
51			JTG/T D65-01—2007	公路斜拉桥设计细则(1125)	28.00
52			JTG/T D65-04—2007	公路涵洞设计细则(06628)	26.00
53			JTG/T D65-05—2015	公路悬索桥设计规范(12674)	55.00
54			JTG/T D65-06—2015	公路钢管混凝土拱桥设计规范(12514)	40.00
55			JTG D70—2004	公路隧道设计规范(05180)	50.00
56			JTG/T D70—2010	★公路隧道设计细则(08478)	66.00
57			JTG D70/2—2014	公路隧道设计规范　第二册　交通工程与附属设施(11543)	50.00

续上表

序号	类别		编　　号	书名(书号)	定价(元)
58	设计	桥隧	JTG/T D70/2-01—2014	公路隧道照明设计细则(11541)	35.00
59			JTG/T D70/2-02—2014	公路隧道通风设计细则(11546)	70.00
60		交通工程	JTG D80—2006	高速公路交通工程及沿线设施设计通用规范(0998)	25.00
61			JTG D81—2006	★公路交通安全设施设计规范(0977)	25.00
62			JTG/T D81—2006	★公路交通安全设施设计细则(12609)	50.00
63			JTG D82—2009	公路交通标志和标线设置规范(07947)	116.00
64		综合	交公路发〔2007〕358 号	公路工程基本建设项目设计文件编制办法(06746)	26.00
65			交公路发〔2007〕358 号	公路工程基本建设项目设计文件图表示例(06770)	600.00
66			交公路发〔2015〕69 号	公路工程特殊结构桥梁项目设计文件编制办法(12455)	30.00
67	检测		JTG E20—2011	公路工程沥青及沥青混合料试验规程(09468)	106.00
68			JTG E30—2005	公路工程水泥及水泥混凝土试验规程(13319)	55.00
69			JTG E40—2007	★公路土工试验规程(06794)	79.00
70			JTG E41—2005	公路工程岩石试验规程(13351)	30.00
71			JTG E42—2005	公路工程集料试验规程(13353)	50.00
72			JTG E50—2006	★公路工程土工合成材料试验规程(13398)	40.00
73			JTG E51—2009	公路工程无机结合料稳定材料试验规程(08046)	60.00
74			JTG E60—2008	公路路基路面现场测试规程(07296)	38.00
75			JTG/T E61—2014	公路路面技术状况自动化检测规程(11830)	25.00
76	施工	公路	JTG F10—2006	公路路基施工技术规范(06221)	50.00
77			JTG/T F20—2015	★公路路面基层施工技术细则(12367)	45.00
78			JTG/T F30—2014	公路水泥混凝土路面施工技术细则(11244)	60.00
79			JTG/T F31—2014	公路水泥混凝土路面再生利用技术细则(11360)	30.00
80			JTG F40—2004	★公路沥青路面施工技术规范(05328)	50.00
81			JTG F41—2008	公路沥青路面再生技术规范(07105)	25.00
82		桥隧	JTG/T F50—2011	★公路桥涵施工技术规范(09224)	110.00
83			JTG/T F81-01—2004	公路工程基桩动测技术规程(0783)	20.00
84			JTG F60—2009	公路隧道施工技术规范(07992)	42.00
85			JTG/T F60—2009	公路隧道施工技术细则(07991)	58.00
86		交通	JTG F71—2006	★公路交通安全设施施工技术规范(13397)	30.00
87			JTG/T F72—2011	公路隧道交通工程与附属设施施工技术规范(09509)	35.00
88	质检安全		JTG F80/1—2004	公路工程质量检验评定标准　第一册　土建工程(05327)	46.00
89			JTG F80/2—2004	公路工程质量检验评定标准　第二册　机电工程(05325)	40.00
90			JTG G10—2016	公路工程施工监理规范(13275)	40.00
91			JTG F90—2015	★公路工程施工安全技术规范(12138)	68.00
92	养护管理		JTG H10—2009	公路养护技术规范(08071)	49.00
93			JTJ 073.1—2001	公路水泥混凝土路面养护技术规范(13658)	20.00
94			JTJ 073.2—2001	公路沥青路面养护技术规范(13677)	20.00
95			JTG H11—2004	公路桥涵养护规范(05025)	30.00
96			JTG H12—2015	公路隧道养护技术规范(12062)	60.00
97			JTG H20—2007	公路技术状况评定标准(13399)	25.00
98			JTG/T H21—2011	★公路桥梁技术状况评定标准(09324)	46.00
99			JTG H30—2015	公路养护安全作业规程(12234)	90.00
100			JTG H40—2002	公路养护工程预算编制导则(0641)	9.00
101	加固设计与施工		JTG/T J21—2011	公路桥梁承载能力检测评定规程(09480)	20.00
102			JTG/T J21-01—2015	公路桥梁荷载试验规程(12751)	40.00
103			JTG/T J22—2008	公路桥梁加固设计规范(07380)	52.00
104			JTG/T J23—2008	公路桥梁加固施工技术规范(07378)	30.00
105	改扩建		JTG/T L11—2014	高速公路改扩建设计细则(11998)	45.00
106			JTG/T L80—2014	高速公路改扩建交通工程及沿线设施设计细则(11999)	30.00
107	造价		JTG M20—2011	公路工程基本建设项目投资估算编制办法(09557)	30.00
108			JTG/T M21—2011	公路工程估算指标(09531)	110.00
109			JTG/T M72-01—2017	公路隧道养护工程预算定额(14189)	60.00
1	技术指南		交公便字〔2006〕02 号	公路工程水泥混凝土外加剂与掺合料应用技术指南(0925)	50.00
2			厅公路字〔2006〕418 号	公路安全保障工程实施技术指南(1034)	40.00
3			交公便字〔2009〕145 号	公路交通标志和标线设置手册(07990)	165.00

注:JTG——公路工程行业标准体系;JTG/T——公路工程行业推荐性标准体系;JTJ——仍在执行的公路工程原行业标准体系。批发业务电话:010-59757973;零售业务电话:010-85285659(北京);网上书店电话:010-59757908;业务咨询电话:010-85285922。带“★”的表示有勘误,详见中国交通运输标准服务平台 www.yuetong.cn/bzfw。